LOS PASOS HACIA LA
LIBERTAD
EN CRISTO

NEIL T
ANDERSON

CREED ESPAÑA

EVANGELIZAR DISCIPULAR PLANTAR

Edición revisada y actualizada

Los Pasos Hacia la Libertad en Cristo (versión en castellano peninsular con permiso de Freedom in Christ International).

© 2012 Versión en castellano peninsular
CREED ESPAÑA
Traductora: Nancy Maldonado Araque.

C/Mequinenza, 20, 28022, Madrid, España
www.creedendios.com + 34 622 225 785

Originalmente publicado en inglés con el título: *Steps to Freedom in Christ*
© 2000 Copyright © Neil T. Anderson.
Publicado por e3 Resources Franklin, TN 37064

Primera edición 2015, Segunda edición 2016
Editores: Nancy Maldonado, Jorge Maldonado, Robert Reed, Loida Fernández.
Maquetación interior y diseño portada: Montserrat Aparicio y Jemima Taltavull.

ISBN: 978 84 615 3430 2
Depósito legal: SE-6513-2011

Tabla de Contenido

Cómo aprovechar al máximo
Los Pasos Hacia la Libertad en Cristo
Por Roberto Reed, Fundador de CREED y Libertad en Cristo España.

La Iglesia es de Jesucristo y gracias a él permanece, pero a veces avanza con demasiada dificultad. Me causa mucha tristeza ver y experimentar las divisiones, las luchas de poder y la falta de perdón que aquejan a la iglesia. También he llorado y me he arrepentido al identificar errores míos. Dice el evangelio de Mateo 7:3: "¿Por qué te fijas en la astilla que tiene tu hermano en el ojo, y no le das importancia a la viga que está en el tuyo?" Nos es más fácil ver la culpa y los problemas de otros. Por esta tendencia la iglesia a menudo cojea. ¡No tiene que ser así! En Cristo, Dios nos ha dado todo lo necesario para ser una iglesia verdaderamente libre. Una iglesia que vive en arrepentimiento, perdón y santidad podrá penetrar con su luz en cada rincón de nuestra querida España.

Con este fin, CREED ofrece recursos y entrenamiento para la evangelización y la transformación de la sociedad. Uno de estos recursos, Los Pasos Hacia la Libertad en Cristo, es un proceso maravilloso y refrescante para todo seguidor de Cristo. Nos llevan a revisar, bajo la dirección del Espíritu Santo, varios aspectos de nuestra vida, a identificar el pecado y renunciar a él. Yo he hecho Los Pasos y me he propuesto hacerlos una vez al año a modo de revisión espiritual.

He comprobado que Los Pasos Hacia la Libertad en Cristo son una herramienta para toda la iglesia: para pastores, líderes, nuevos cristianos, cristianos de años, para los que están bien, los que están muy mal... es para TODOS. Si te encuentras bien espiritualmente pero quieres hacer una revisión de tu vida y crecer más, Los Pasos Hacia la Libertad son para ti. El hacerlo te dará un mejor fundamento para animar a otros a hacer los Pasos. Si la vida cristiana se te hace cuesta arriba, luchas con pensamientos y hábitos no deseados o estás atascado en un ciclo de pecar y confesar lo mismo una y otra vez, los Pasos también son para ti.

Nos alegramos al oír lo que dicen estas personas que han hecho los Pasos:

"Puedo decir que, después de haber encontrado a Jesús como Salvador, alcanzar la completa libertad espiritual en Cristo ha sido el acontecimiento más importante de mi vida – lo recomiendo."

"Es difícil describir el alivio que experimenté al sentirme liberado de años de vergüenza y esclavitud. Realmente no tengo palabras – ¡me siento nuevamente como un ser humano!"

"Mi vida ha sido transformada. Ha sido como dar un paso desde la oscuridad de vuelta a la luz."

"Tengo la mente despejada, alabado sea Jesús – ¡no ha estado despejada por años!"

"El encontrar mi libertad en Cristo ha cambiado mi vida."

Libertad en Cristo no se trata de utilizar una varita mágica ni una receta de auto-ayuda; es nada más y nada menos que la verdad bíblica presentada de una manera práctica. No son los Pasos lo que nos liberan – es Jesucristo, pero ayuda tener un proceso bíblico y práctico. Con disposición de corazón y trabajo sincero, verás cómo fluye la gracia de Dios y experimentarás la libertad que Cristo ya ganó para ti.

Una excelente manera de ayudar a la iglesia a ir más allá de tener "convertidos" a tener discípulos que dan mucho fruto, es utilizando el Curso para Hacer Discípulos de Libertad en Cristo. También puedes recibir las mismas enseñanzas leyendo los libros de Neil Anderson: Victoria sobre la Oscuridad, Rompiendo las Cadenas, o Restaurado. Hay más detalles al final del libro, en la página 78.

LOS PASOS HACIA LA
LIBERTAD
EN CRISTO

Para Comenzar

"Cristo nos libertó para que vivamos en libertad. Por lo tanto, manteneos firmes y no os sometáis nuevamente al yugo de la esclavitud" (Gálatas 5:1). Si has recibido a Cristo como tu Salvador, Él ya te ha liberado mediante Su victoria sobre el pecado y la muerte en la cruz. La pregunta es: "¿Estás viviendo victorioso en la libertad de Cristo o estás viviendo ya sea una esclavitud sutil o manifiesta?" Cristo te ofrece libertad para los conflictos personales y espirituales, libertad del pecado y de los hábitos negativos de tu pasado, libertad de los efectos dañinos de la culpa y la falta de perdón. La libertad abre el camino para conocer, amar, adorar y obedecer a Dios. Es la experiencia gozosa de vivir por fe de acuerdo a lo que Dios dice que es verdad y en el poder del Espíritu Santo, y significa no cumplir los deseos de la carne. No significa perfección, pero sí una vida que se desarrolla y abunda en Cristo; —el único que puede llenar las necesidades más profundas de vida: la identidad, la aceptación, la seguridad y el valor.

Retoma Tu Libertad

Si no estás experimentando esta vida de libertad, puede ser porque no te has mantenido firme en la fe o no has vivido de acuerdo a quién eres en Cristo. De algún modo has regresado al yugo de esclavitud (Gálatas 5:1). Tu destino eterno no está en juego, pero tu victoria diaria sí lo está.

Por muy difícil que sea tu vida, hay buenas nuevas para ti. No eres una víctima impotente atrapada entre dos super poderes celestiales opuestos pero equivalentes. Satanás es padre de mentiras y engaño, y de la única forma que él puede tener poder sobre ti es si te crees sus mentiras. Solamente Dios es todopoderoso, omnipresente y omnisciente (lo conoce todo). A veces la realidad del pecado y la presencia del mal parecen más reales que la presencia de Dios, pero eso es parte del engaño de Satanás. Satanás es un enemigo derrotado y nosotros estamos vivos en Cristo.

Los Pasos Hacia la Libertad en Cristo no te dan la libertad. Quien te libera es Cristo; lo que te libera es tu respuesta a Él en arrepentimiento y fe. Los Pasos proveen una oportunidad para resolver conflictos personales y espirituales que te han impedido experimentar la libertad y la victoria que Cristo compró para ti en la cruz. Tu libertad será el resultado de lo que tú escojas creer, confesar, perdonar, renunciar y dejar atrás. Nadie puede hacer esto por ti.

La Batalla por Tu Mente

Hay una batalla continua por tu mente, la cual es el centro de control de todo lo que piensas y haces. Los pensamientos contrarios que puedas experimentar al hacer estos Pasos sólo te pueden afectar si crees en ellos. Puedes tener pensamientos negativos como: "Esto no va a funcionar" o "Dios no me ama". No hagas caso a los engaños de Satanás; no prestes atención a pensamientos acusatorios o amenazantes.

La batalla por tu mente se gana únicamente cuando tú optas por la verdad. Al trabajar en los Pasos, recuerda que Satanás no está obligado a obedecer tus pensamientos. Por esta razón, encuentra un lugar privado donde puedes recitar cada paso en voz alta. Sólo Dios conoce plenamente tus pensamientos porque sólo Él es omnisciente. Puedes someterte a Dios en tu interior, pero necesitas resistir al demonio recitando cada oración, declaración, etc. en voz alta.

Estos Pasos tratan áreas críticas entre tú y Dios. Es posible hacerlos en solitario porque Jesús es el Admirable Consejero, pero puede que te beneficie trabajarlos con alguien que te guíe por ellos, especialmente si hay problemas profundos. El mejor ambiente para hacer los Pasos es en el contexto de la iglesia local, pues tiene gente entrenada para animarte y ayudarte a mantenerte firme al terminarlos. Libertad en Cristo puede remitirte a una iglesia local con un ministerio de libertad, pero comienza por pedir el consejo de tu pastor.

La lectura de Restaurado, Victoria sobre la Oscuridad y

Rompiendo las Cadenas te beneficiará en el proceso de obtener y mantener tu libertad. Estos libros te ayudarán a comprender mejor la realidad del mundo espiritual y tu relación con él. Aunque estos Pasos pueden jugar un papel importante en tu proceso continuo de ser un discípulo, la madurez instantánea no existe. Renovar nuestra mente y conformarnos a la imagen de Dios es un proceso de toda la vida.

Sea cual sea el origen de las dificultades que tienes, no pierdes nada y posiblemente ganarás mucho al ponerlos en oración. Si luchas con problemas cuyo origen no se menciona en estos Pasos, puede que necesites buscar ayuda profesional. (Pide a un pastor o a otro líder cristiano de confianza que te remita a un buen profesional.) El enfoque aquí es tu relación con Dios. Si alguno de estos aspectos no está resuelto, eso afectará tu intimidad con Él y tu victoria diaria en Cristo.

Confía en que Dios te guiará

Se dan explicaciones de cada Paso para que no tengas problemas en saber qué hacer. Da igual si hay o no hay espíritus malignos presentes; Dios siempre está presente. Si experimentas algún tipo de resistencia, para y ora. Si experimentas alguna oposición mental, simplemente ignórala. Es solamente un pensamiento y no tiene poder sobre ti a menos que lo creas. A través de todo el proceso estarás pidiendo a Dios que te guíe. Es Él quien concede arrepentimiento que lleva a un conocimiento de la verdad que te hará libre (2 Timoteo 2:24-26). Comienza los Pasos con la siguiente oración y declaración. (Si lo estás haciendo solo, cambia el "nosotros" por "yo").

El Señor te bendiga y te guíe al trabajar en estos Pasos. Una vez hayas encontrado tu libertad en Cristo, podrás ayudar a otros a experimentar el gozo de su salvación.

Oración

Querido Padre celestial, reconocemos tu presencia en este lugar y en nuestras vidas. Tú eres el único Dios omnisciente (todo lo sabes), omnipotente, y omnipresente (estás en todo lugar). Dependemos de Ti, porque apartados de Ti nada podemos hacer. Decidimos creer la verdad que toda autoridad en el cielo y en la tierra le pertenece a Cristo resucitado, y al estar vivos en Cristo, compartimos esta autoridad para hacer discípulos y liberar a los cautivos. Te pedimos que nos llenes de tu Espíritu Santo y que nos guíes a toda verdad. Oramos por Tu total protección y te pedimos que nos guíes. En el nombre de Jesús. Amén.

Declaración

En el nombre y la autoridad del Señor Jesucristo, ordenamos a Satanás y a todos los espíritus malignos que quiten toda influencia sobre _____ (nombre) para que _____ (nombre) pueda ser libre para conocer y hacer la voluntad de Dios. Como hijos de Dios sentados con Cristo en los lugares celestiales, ordenamos que cualquier enemigo del Señor Jesucristo quede en silencio. Le decimos a Satanás y todos sus demonios que no pueden infligir dolor, ni pueden en modo alguno impedir que la voluntad de Dios se realice en la vida de _____(nombre). _____ (nombre) pertenece al Señor Jesucristo y el maligno no le puede tocar.

Preparación

Antes de proceder con los Pasos hacia la Libertad, revisa los siguientes acontecimientos de tu vida para discernir áreas específicas que hay que enfrentar.

HISTORIA FAMILIAR

❑ Historial religioso de padres y abuelos.

❑ Vida hogareña desde la infancia hasta la secundaria / el instituto.

❑ Historial de enfermedades físicas o emocionales en la familia.

❑ Adopción, casas de acogida, o algo relacionado con esto.

HISTORIA PERSONAL

❑ Hábitos alimenticios (bulimia, anorexia, comer compulsivamente).

❑ Adicciones (cigarrillos, drogas, alcohol).

❑ Medicamentos recetados (¿para qué?).

❑ Patrones del sueño, sueños y pesadillas.

❑ Violación o cualquier otro maltrato sexual, físico o emocional.

❑ Pensamiento (pensamientos obsesivos, blasfemos, de condenación o distracción; mala concentración; fantasías; ideas de suicidio).

❑ Interferencia mental en la iglesia, durante la oración o el estudio bíblico.

❑ Vida emocional (ira, ansiedad, depresión, amargura, temores).

❑ Peregrinaje espiritual (cuándo y cómo fuiste salvo; ¿seguridad de salvación?).

Ahora estás listo para empezar. Por delante tenemos siete Pasos específicos para procesar con el fin de experimentar la libertad de tu pasado. Vas a trabajar en las áreas donde Satanás más comúnmente toma ventaja de nosotros a través de fortalezas.

Si tus problemas surgen de una fuente distinta a la que cubren estos Pasos, no pierdes nada al trabajarlos. Si eres sincero, ¡lo peor que puede suceder es que endereces tu caminar con Dios!

PASO 1
Lo FALSO frente a lo VERDADERO

El primer paso para experimentar libertad en Cristo es rechazar verbalmente toda participación pasada o presente en el ocultismo, en enseñanzas y rituales de sectas, y en religiones no cristianas.

Debes renunciar la participación en cualquier grupo que niega que Jesucristo es el Señor o que ofrece dirección mediante un libro que no es la Biblia. Además, es necesario renunciar a todo grupo que exige iniciaciones secretas, ceremonias, votos o pactos. Comienza este paso orando en voz alta:

Padre celestial,

Recuérdame todas y cada una de las cosas que haya hecho de forma consciente o inconsciente relacionadas con enseñanzas o prácticas de ocultismo, sectas o religiones no cristianas. Deseo experimentar tu libertad al rechazar toda práctica y enseñanza falsa. En el nombre de Jesús. Amén.

Aunque hayas participado en algo pensando que era un juego o una broma, necesitas renunciar a ello. Aunque hayas estado sólo observando con curiosidad mientras otros participaban, necesitas renunciar a tu participación pasiva. Puede que no te hayas dado cuenta en el momento de que lo que sucedía era malo. Aún así, recházalo.

Si algo te viene a la mente y no estás seguro sobre qué hacer con ello, confía que el Espíritu de Dios está contestando tu oración y recházalo.

La lista que sigue cubre la mayoría de las prácticas espirituales no cristianas. Sin embargo no es exhaustiva. Siéntete libre de añadir otras en las que hayas estado involucrado.

Después de la lista hay unas preguntas para ayudarte a

reconocer otras cosas que necesitas rechazar. A continuación hay una oración de confesión y renuncia. Órala en voz alta, rellenando los espacios en blanco con aquellas cosas que el Espíritu Santo te ha traído a la mente y a las que debes renunciar.

Prácticas Espirituales que No son Cristianas
Marca todo aquello en lo que hayas participado:

OCULTISMO

- ❏ Proyección astral
- ❏ Tabla ouija
- ❏ Juegos ocultistas
- ❏ Bola mágica
- ❏ Encantamientos o maldiciones
- ❏ Telepatía/control mental
- ❏ Hipnosis
- ❏ Sesiones de espiritismo/médiums /canalizadores
- ❏ Magia negra o blanca
- ❏ Control mental Silva
- ❏ Meditación trascendental (MT)
- ❏ Percepción extra-sensorial
- ❏ Trances
- ❏ Espíritus guías
- ❏ Adivinación (Cartas del Tarot, Clarividencia, Péndulo, Leer la mano)
- ❏ Levitación
- ❏ Brujería/hechicería
- ❏ Satanismo
- ❏ Pactos de sangre
- ❏ Fetiches/cristales/amuletos
- ❏ Santería
- ❏ Adoración a imágenes, santos, vírgenes
- ❏ Mal de ojo
- ❏ Culto a dioses prehispánicos
- ❏ Vudú
- ❏ Espíritus sexuales
- ❏ Artes marciales (devoción a sensei)
- ❏ Supersticiones (tocar madera, martes 13)
- ❏ Video juegos violentos o de ocultismo
- ❏ Horóscopo
- ❏ Otros

OTRAS RELIGIONES

- ❏ Yoga (la religión, no los ejercicios)
- ❏ Hare Krishna
- ❏ Bahaísmo
- ❏ Culto a espíritus tribales

- ❑ Culto a los ancestros
- ❑ Islamismo
- ❑ Hinduismo
- ❑ Budismo (incluyendo Zen)
- ❑ Rosacruces

SECTAS

- ❑ Los Mormones (Santos de los últimos días)
- ❑ Los Testigos de Jehová
- ❑ Nueva Era (libros, semina-

rios, objetos, medicina)
- ❑ Los Masones
- ❑ Ciencia Cristiana
- ❑ Iglesia de la Unificación (Moonies)
- ❑ El Foro (EST)
- ❑ La Iglesia de Cienciología
- ❑ Unitarismo/Universalismo
- ❑ Feng Shui
- ❑ Reiki
- ❑ Otros

Haz una lista de las películas, los programas de TV, la música, los libros, las revistas y los cómics que el Señor te traiga a la mente (especialmente los que glorifican a Satanás, causan temor o pesadillas, son grotescamente violentas, o estimulan las pasiones de la carne).

_____

_____

_____

Las siguientes preguntas te ayudarán a tomar consciencia de otras cosas a las que necesitas renunciar.

1. ¿Alguna vez has visto, oído o sentido una presencia espiritual en tu habitación?

_____

_____

_____

2. ¿Has tenido pesadillas recurrentes? Renuncia a todo temor relacionado a ellas.

_____

_____

_____

3. ¿Tienes, o alguna vez tuviste, un amigo imaginario, espíritu guía o ángel que te brinda dirección o compañía? (Si tiene nombre, recházalo por nombre.)

_____

_____

_____

4. ¿Has oído voces o has tenido pensamientos repetitivos y peyorativos - soy tonto, soy feo, nadie me ama, no logro hacer nada bien - como si hubiera una conversación continua dentro de tu cabeza? Apunta cada uno de ellos y renuncia a ellos usando la oración específica después de la pregunta nueve.

_____

_____

_____

5. ¿Has consultado médiums o espiritistas?

_____

_____

_____

6. ¿Alguna vez has visto o te han contactado seres que pensabas que eran alienígenas?

_____

_____

_____

7. ¿Has hecho alguna vez un voto o pacto secreto (o promesas internas; p. ej. Yo nunca...)?

_____

_____

_____

8. ¿Has participado alguna vez en rituales satánicos o asistido a conciertos donde Satanás era el foco de atención?

_____

_____

_____

9. ¿Qué otras experiencias espirituales has tenido que te causasen temor o confusión?

_____

_____

_____

Una vez que hayas completado la lista y las preguntas, confiesa y renuncia cada cosa en la que hayas participado mediante la siguiente oración en voz alta:

Señor Jesús,

Confieso que he participado en_____ [actividad], y renuncio a _____ [actividad]. Rompo todo efecto que el enemigo haya ganado en mi vida. Gracias porque en Cristo tengo perdón. Amén.

Oración especial para la pregunta 4 sobre pensamientos repetitivos peyorativos:

Señor Jesús,

Confieso haber prestado atención a las voces en mi mente que decían _____ y haberles creído a esas voces repetitivas y condenatorias como si fuera un diálogo en mi mente. Declaro que son ajenas a lo que ahora escojo creer. Pido tu perdón y renuncio a hacer caso a esas voces y a permitir ese diálogo en mi mente. Amén.

Cuando hayas terminado confesando y renunciando a cada cosa, ora de la siguiente manera:

Señor,

Confieso que he participado en esas prácticas falsas. Sé que fueron malas y ofensivas ante Tus ojos. Gracias por Tu perdón. Renuncio a cualquier participación en esas prácticas falsas y escojo creer que Satanás ya no tiene derecho en mi vida como resultado de ellas. En el nombre de Jesús. Amén.

EVALÚA TUS PRIORIDADES

Fuimos creados para adorar al Dios vivo y verdadero. El Padre busca quienes le adoren en espíritu y verdad (Juan 4:23). Como hijos de Dios "Sabemos que el Hijo de Dios ha venido y nos ha dado entendimiento para que conozcamos al Dios verdadero. Y estamos con el Verdadero, con su Hijo Jesucristo. Éste es el Dios verdadero y la vida eterna" (1 Juan 5:20).

El apóstol Juan continúa este pasaje con una advertencia: "Queridos hijos, apartaos de los ídolos" (1 Juan 5:21). Un ídolo es un dios falso, cualquier objeto de adoración aparte del Dios verdadero. Aunque no nos inclinemos a las imágenes, es fácil que cierta gente y las cosas que hay en esta sociedad sutilmente cobren más importancia que nuestra relación con Dios. La siguiente oración expresa el compromiso de un corazón que escoge adorar al Señor su Dios y servirle solamente a él (Mateo 4:10).

Querido Señor,

Sé que es muy fácil permitir que otras cosas y otras personas cobren más importancia para mí que Tú. Sé que esto te ofende ya que has ordenado que no tenga otros dioses delante de Ti.

Confieso que no te he amado con todo mi corazón, alma y mente. Como resultado, he pecado contra Ti, violando el primer y gran mandamiento. Me arrepiento y me vuelvo de esta idolatría y ahora decido regresar a Ti, Señor Jesús, como mi primer amor.

Por favor, revélame todos los ídolos en mi vida. Escojo renunciar a todo ídolo que le pudiese dar a Satanás derecho sobre mi vida. En el nombre de Jesús, el Dios verdadero. Amén. (Ver Éxodo 20:3, Mateo 22:37, Apocalipsis 2:4,5)

La lista a continuación puede ayudarte a reconocer las áreas donde algunas cosas o algunas personas se han vuelto más importantes para ti que el Dios verdadero, Jesucristo. Notarás que casi todas (si no todas) las áreas no son malas en sí mismas; se convierten en ídolos cuando toman el lugar de Dios como Señor en nuestras vidas.

- ❏ Ambición
- ❏ Comida u otra sustancia
- ❏ Dinero/posesiones
- ❏ Ordenador/juegos/programas
- ❏ Seguridad económica
- ❏ Famosos/estrellas/cantantes
- ❏ Actividades de Iglesia
- ❏ TV/películas/música
- ❏ Deportes/estar en forma
- ❏ Diversión/placer
- ❏ Ministerio
- ❏ Imagen/belleza

- ❏ Trabajo
- ❏ Mantenerse ocupado/activo
- ❏ Amigos
- ❏ Poder/control
- ❏ Novio/novia
- ❏ Popularidad/el qué dirán
- ❏ Cónyuge
- ❏ Conocimiento/tener la razón
- ❏ Hijos
- ❏ Pasatiempos/hobbies
- ❏ Padres
- ❏ Otro

Renuncia toda área de idolatría o prioridad errónea que el Espíritu Santo te traiga a la mente, usando la siguiente oración:

Señor,

Confieso que he hecho _____ (persona o cosa) más importante que Tú y renuncio a mi devoción equivocada. Escojo adorarte sólo a Ti, Señor. Te pido, Padre, que me ayudes a mantener esta área de _____ (ídolo) en su justo lugar en mi vida. En el nombre de Jesús. Amén.

RITUALES SATÁNICOS

Puede que hayas estado involucrado en rituales satánicos o fuerte actividad ocultista. O quizá lo sospechas porque tienes bloqueo de memoria, pesadillas muy intensas y recurrentes, y/o ataduras o disfunciones sexuales significativas. En tal caso, te recomendamos que digas en voz alta esta renuncia especial por la participación en rituales satánicos. Lee el cuadro en horizontal, renunciando el primer punto en la columna "Reino de las Tinieblas" y luego afirmando al primer punto en la columna "Reino de la Luz". Continúa de igual manera con los siguientes puntos en el cuadro.

Algunas personas que han sido sometidas a Abuso Ritual Satánico desarrollan personalidades múltiples o alternativas o disociaciones para enfrentar su dolor. Si este es tu caso, necesitas acudir a alguien que comprenda el conflicto espiritual para que te acompañe a superar este problema. Por ahora, haz los pasos hacia la Libertad en Cristo lo mejor que puedas. Es importante que elimines toda atadura demoníaca en tu vida antes de intentar integrar tus personalidades. Cada personalidad que surja debe ser reconocida y debe ser guiada para resolver su problemática. Sólo entonces se integran todas en una sola personalidad sana y verdadera en Cristo.

Renuncias Especiales

Reino de la Tinieblas	Reino de la Luz
Renuncio a toda dedicación de mi vida al poder de Satanás que yo haya hecho o que otra persona haya hecho por mí.	Proclamo que ahora mi nombre está escrito en el Libro de la Vida del Cordero.
Renuncio a todo ritual de casamiento/unión con Satanás.	Proclamo que pertenezco a la Iglesia, la Novia de Cristo.
Renuncio a todo pacto, acuerdo o promesa que haya hecho con Satanás.	Proclamo que estoy bajo el Nuevo Pacto con Cristo.
Renuncio a toda dirección satánica sobre mi vida, incluyendo deberes, matrimonio e hijos.	Me comprometo a conocer y hacer solamente la voluntad de Dios, y a aceptar únicamente Su dirección.
Renuncio a todo espíritu guía que me fue asignado.	Acepto solamente la dirección del Espíritu Santo.
Renuncio a toda entrega de mi sangre al servicio de Satanás.	Confío únicamente en la sangre derramada por mi Señor Jesucristo.
Renuncio a todo ritual donde comí carne o bebí sangre en adoración satánica.	Por fe participo en la Santa Cena/Comunión que representa el cuerpo y la sangre de Jesús.
Renuncio a todos y cada uno de los guardianes y padres satánicos que me fueron asignados.	Proclamo que Dios es mi Padre Celestial y que el Espíritu Santo es mi Guardián, por quien he sido sellado.
Renuncio a todo bautismo mediante el cual me identifiqué con Satanás.	Proclamo que he sido bautizado en Jesucristo y que mi identidad descansa en Él.
Renuncio a todo sacrificio que se haya hecho en mi nombre, dando a Satanás autoridad sobre mí	Proclamo que sólo el sacrificio de Cristo tiene poder sobre mí. Le pertenezco. He sido comprado por la sangre del Cordero.

Además de lo descrito anteriormente, debes renunciar específicamente a cualquier otro ritual satánico, pacto, promesa o dirección que el Señor te traiga a la mente.

PASO 2
El ENGAÑO frente a la VERDAD

La Palabra de Dios es verdad y necesitamos aceptar Su verdad en lo íntimo de nuestro ser (Salmo 51:6). Sea que sintamos o no que es verdad, ¡necesitamos creer que es verdad! Jesús es la verdad, el Espíritu Santo es el Espíritu de verdad, la Palabra de Dios es verdadera y se nos anima a hablar la verdad en amor (Juan 14:6; 16:13; 17:17; Efesios 4:15).

El creyente en Cristo no busca engañar a otros mediante mentiras "piadosas", exageración, distorsión de la verdad, ni nada asociado a la falsedad. Satanás es el padre de la mentira e intenta esclavizarnos mediante el engaño. Es la verdad en Jesús la que nos hace libres (Juan 8:32-36, 44; 2 Timoteo 2:26; Apocalipsis 12:9). Encontramos verdadero gozo y libertad cuando dejamos de vivir una mentira y vivimos abiertamente en la verdad. Después de confesar su pecado, el rey David escribió: "Bienaventurado [dichoso] el hombre... en cuyo espíritu no hay engaño" (Salmo 32:2).

Hemos sido llamados a caminar en la luz (1 Juan 1:7). Cuando confiamos que Dios nos ama y nos acepta, tenemos la libertad de reconocer nuestros pecados y enfrentarnos a la realidad, en lugar de escapar y escondernos de la verdad y de las circunstancias dolorosas.

Empieza este Paso leyendo la siguiente oración en voz alta. No permitas que pensamientos contrarios, tales como "Esto es una pérdida de tiempo" o "Quisiera poder creer esto, pero no puedo", te impidan seguir adelante, orar y escoger la verdad. Aunque te sea difícil, avanza y termina este Paso. Dios te fortalecerá a medida que confíes en Él.

Querido Padre Celestial,
Sé que Tú quieres que yo conozca la verdad, crea la verdad, hable la verdad y viva de acuerdo con la verdad. Gracias que es la verdad la que me hará libre. De muchas maneras he sido engañado por Satanás, el padre de la mentira, y también me he engañado a mí mismo.

Padre, oro en el nombre del Señor Jesucristo, en virtud de Su sangre derramada y Su resurrección. Te pido que reprendas todo espíritu maligno que me esté engañando.

He decidido confiar únicamente en Jesús para salvarme, de modo que, en Cristo, soy tu hijo perdonado. Por lo tanto, dado que me aceptas tal como soy, tengo la libertad de plantarle cara a mi pecado y no intentar ocultarlo.

Pido que el Espíritu Santo me guíe a toda verdad. Por favor, "Examíname, oh Dios, y sondea mi corazón; ponme a prueba y sondea mis pensamientos; fíjate si voy por mal camino, y guíame por el camino eterno". En el nombre de Jesús, quien es la Verdad. Amén.
(Salmo 139:23,24)

Son muchas las maneras en las cuales Satanás, "el dios de este mundo" intenta engañarnos. Tal como lo hizo con Eva, intenta convencernos de que confiemos en nosotros mismos y que llenemos nuestras necesidades mediante el mundo que nos rodea, en lugar de confiar en la provisión de nuestro Padre celestial.

El siguiente ejercicio te ayudará a descubrir las maneras en las que has sido engañado. Marca cada área de engaño que el Señor te traiga a la mente y confiésala utilizando la oración a continuación de la lista.

Maneras en las que el mundo te puede engañar

❏ Creer que obtener dinero y cosas me traerá felicidad duradera (Mateo 13:22; 1 Timoteo 6:10)

❏ Creer que la comida y/o el alcohol en exceso pueden aliviar mi estrés y darme felicidad (Proverbios 23:19-21)

❏ Creer que un cuerpo atractivo y una personalidad encantadora conseguirán lo que necesito (Proverbios 31:30; 1 Pedro 3:3-4)

❏ Creer que satisfacer el deseo sexual me traerá satisfacción duradera (Efesios 4:22; 1 Pedro 2:11)

❏ Creer que puedo pecar sin tener consecuencia negativa alguna (Hebreos 3:12-13)

❏ Creer que necesito más de lo que Dios me ha dado en Cristo (2 Corintios 11:2-4, 13-15)

❏ Creer que puedo hacer lo que quiera sin que nadie pueda tocarme (Proverbios 16:18; Abdías 3; 1 Pedro 5:5)

❏ Creer que las personas que rechazan a Cristo irán de todos modos al cielo (1 Corintios 6:9-11)

❏ Creer que me puedo asociar con malas compañías sin corromperme (1 Corintios 15:33-34)

❏ Creer que puedo leer, ver o escuchar cualquier cosa sin corromperme (Proverbios 4:23-27; Mateo 5:28)

❏ Creer que no hay consecuencias de mi pecado en la tierra (Gálatas 6:7-8)

❏ Creer que debo obtener la aprobación de ciertas personas para ser feliz (Gálatas 1:10)

❏ Creer que debo alcanzar cierto nivel para sentirme bien conmigo mismo (Gálatas 3:2,3; 5:1)

Señor, confieso que he sido engañado por [confiesa los puntos que marcaste]. Te agradezco tu perdón, y me comprometo a creer únicamente Tu Verdad. En el nombre de Jesús. Amén.

Es importante saber que, además de ser engañados por la sociedad, por falsos maestros y por espíritus mentirosos, también podemos engañarnos a nosotros mismos. Ahora que vives en Cristo, completamente perdonado y aceptado, no necesitas defenderte del modo que acostumbrabas. Cristo es ahora tu defensa. De acuerdo a lo que el Señor te muestre, confiesa las formas que has usado para engañarte o defenderte equivocadamente. Utiliza las listas y oraciones a continuación.

Maneras de engañarte a ti mismo

❑ Oír la Palabra de Dios, pero no hacer lo que dice (Santiago 1:22)

❑ Decir que no tengo pecado (1 Juan 1:8)

❑ Creer que soy algo que en realidad no soy (Gálatas 6:3)

❑ Creer que soy sabio en esta era mundana (1 Corintios 3:18-19)

❑ Creer que puedo ser religioso, pero no poner freno a mi lengua (Santiago 1:26)

Señor, confieso que me he engañado con [confiesa los puntos que marcaste]. Gracias por tu perdón. Me comprometo a creer sólo Tu verdad. En el nombre de Jesús. Amén.

Maneras de defenderte equivocadamente

❑ Negación de la realidad (consciente o inconsciente)

❑ Fantasías (evitar la realidad soñando despierto, TV, películas, música, juegos de ordenador o videojuegos, drogas, alcohol, etc.)

❑ Aislamiento emocional (alejarme de la gente o mantenerme distante para evitar el rechazo)

❑ Regresión (regresar a tiempos pasados menos dolorosos)

❑ Enojo desplazado (descargar frustraciones contra personas inocentes)

❑ Proyección (culpar a otros por mis problemas)

❑ Racionalización (crear excusas para mi mala conducta)

❑ Hipocresía (presentar una imagen falsa)

Señor, confieso que me he defendido de forma equivocada por medio de [confiesa los puntos que marcaste]. Gracias por tu perdón. Ahora me comprometo a confiar en que Tú me defenderás y me protegerás. En el nombre de Jesús. Amén.

Caminar en la verdad puede resultarte difícil si has creído mentiras durante muchos años. Puede que necesites acompañamiento para ayudarte a eliminar los mecanismos de defensa en los cuales te has apoyado para manejarte en la vida. Cada cristiano necesita aprender que Cristo es la única defensa que necesita. Comprender que eres perdonado y aceptado por Dios por medio de Cristo te libera para que puedas depender únicamente de Él.

La fe es la respuesta bíblica ante la verdad. Creer lo que Dios dice es simplemente una decisión que todos podemos tomar. Si dices "Yo quisiera creerle a Dios, pero no puedo", te engañas. Por supuesto que puedes creerle a Dios – porque lo que Dios dice siempre es verdad. Creer es algo que escoges hacer, no algo que sientes hacer.

La verdad sobre tu Padre Dios

En ocasiones, las mentiras que hemos creído sobre nuestro Padre Dios nos son un obstáculo para caminar en fe. Los siguientes ejercicios ayudarán a romper las cadenas de esas mentiras y te permitirán experimentar una relación íntima con Dios como tu "Abba, Padre".

Lee la lista de la siguiente página en voz alta, línea por línea, empezando con la columna izquierda y luego la correspondiente columna de la derecha. Comienza cada línea con la afirmación en negrita en la parte superior de la columna.

Renuncio a la mentira de que mi Padre Dios...	Acepto con gozo la verdad de que mi Padre Dios...
es distante e indiferente hacia mí.	se involucra íntimamente en mi vida [Salmo 139:1-18].
es insensible, no se preocupa por mí.	es amable y compasivo [Salmo 103:8-14].
es severo y exigente.	me acepta con gozo y amor [Sofonías 3:17; Romanos 15:7].
es frío y pasivo.	es cariñoso y afectuoso [Isaías 40:11; Oseas 11:3,4].
está ausente y está demasiado ocupado para mí.	está siempre conmigo y se interesa por mí [Jeremías 31:20; Ezequiel 34:11-16; Hebreos 13:5]
es impaciente, está enfadado, nunca está satisfecho con lo que hago.	es paciente y tardo para la ira, se deleita con los que esperan en su amor constante [Éxodo 34:6; 2 Pedro 3:9; Salmo 147:11].
es cruel y abusivo.	es cariñoso, amable y protector [Jeremías 31:3; Isaías 42:3; Salmo 18:2].
es un aguafiestas – que no me permite disfrutar de la vida.	es digno de confianza y quiere darme una vida plena. Su voluntad es buena, perfecta y aceptable para mí [Lamentaciones 3:22-23; Juan 10:10; Romanos 12:1,2].
me quiere controlar o manipular.	está lleno de gracia y misericordia. Me da libertad incluso para fallarle [Lucas 15:11-16, 22-24; Hebreos 4:15,16].
me condena, no quiere perdonarme.	es compasivo y perdonador. Su corazón y sus brazos están siempre abiertos [Salmo 130:1-4; Lucas 15:17-24].
exige la perfección en todos los detalles.	se preocupa por mi desarrollo. Está orgulloso de mí. Me trata como a un hijo en crecimiento [Romanos 8:28,29; Hebreos 12:5-11; 2 Corintios 7:14].

¡SOY LA NIÑA DE SUS OJOS!
(Ver Deuteronomio 32:9,10)

Si esta es un área que te causa dificultad, te será muy útil declarar en voz alta el cuadro anterior cada día durante seis semanas y estudiar los pasajes bíblicos durante tu tiempo devocional.

¿Sufres temor o ansiedad?

La ansiedad y los temores pueden controlar nuestras vidas e impedir que caminemos por fe en la incomparable victoria que es nuestra en Cristo. Si sientes que la ansiedad y el temor te impiden vivir con confianza y seguridad en la presencia de Dios y caminar en su poder, necesitas renunciar a ellos específicamente para obtener la libertad que es tuya en Cristo. Para tratar con la ansiedad y el temor, ver los Apéndices A y B.

El movimiento de la Nueva Era ha distorsionado el concepto de la fe afirmando que al creer en algo lo convertimos en realidad. Eso es falso. No podemos crear la realidad con nuestra mente; sólo Dios lo puede hacer. Únicamente podemos enfrentar la realidad con nuestra mente. La fe es creer y actuar en base a lo que Dios dice, independientemente de las circunstancias o de nuestros sentimientos. Es la Verdad, por lo tanto escogemos creer.

Simplemente "creer" no basta. La clave es si aquello en lo cual crees es real y fiable. Si el objeto de tu fe no es fiable, creer más o menos no lo va a cambiar. Es por eso que nuestra fe debe estar basada en la roca firme de Dios y su Palabra. Esa es la única manera de llevar una vida responsable y fructífera. Por otro lado, si aquello en lo que crees no es verdad, no experimentarás la libertad que solamente la verdad puede dar.

Durante generaciones los cristianos han entendido la importancia de declarar la verdad de manera verbal y pública. Lee en voz alta las siguientes Declaraciones de la Verdad, y reflexiona cuidadosamente en lo que estás diciendo. Quizá te sea útil leerlas en voz alta a diario durante varias semanas para renovar tu mente con la verdad y reemplazar cualquier mentira que hayas creído.

Declaraciones de la Verdad

1.   Reconozco que hay un solo Dios vivo y verdadero, que existe como Padre, Hijo y Espíritu Santo. Él es digno de toda honra, alabanza y gloria como el Único que creó todas las cosas y que sostiene todo cuanto existe [Éxodo 20:2,3; Colosenses 1:16,17].

2.   Reconozco a Jesucristo como el Mesías, el Verbo que se hizo carne y que habitó entre nosotros. Creo que Él vino para deshacer las obras del diablo, que despojó a los principados y potestades, que los exhibió públicamente y que triunfó sobre ellos [Juan 1:1, 14; Colosenses 2:15; 1 Juan 3:8].

3.   Creo que Dios demostró su amor por mí en que, cuando yo aún era pecador, Cristo murió por mí. Creo que Él me ha liberado del dominio de las tinieblas y me ha transferido a su reino, y que en Él tengo redención, el perdón de pecados [Romanos 5:8; Colosenses 1:13,14].

4.   Creo que ahora soy hijo de Dios y que estoy sentado con Cristo en los lugares celestiales. Creo que fui salvo por la gracia de Dios mediante la fe, y que esto fue un regalo y no el resultado de mis obras [Efesios 2:6, 8:9; 1 Juan 3:1-3].

5.   Decido ser fuerte en el Señor y en la fuerza de su poder. No pongo mi confianza en la sociedad, porque las armas de guerra no son humanas, sino que tienen el poder divino para derribar fortalezas. Me pongo toda la armadura de Dios. Decido mantenerme firme en mi fe y resistir al maligno [2 Corintios 10:4; Efesios 6:10-20; Filipenses 3:3].

6.   Creo que separado de Cristo no puedo hacer nada, por eso declaro que dependo totalmente de Él. Decido permanecer en Cristo para llevar mucho fruto y glorificar a mi Padre. Declaro a Satanás que Jesús es mi Señor. Rechazo toda obra o don engañoso de Satanás en mi vida [Juan 15:5, 8; 1 Corintios 12:3].

7.   Creo que la verdad me hará libre, y que Jesús es la verdad. Si Él me libera, seré libre de verdad. Reconozco que caminar en la luz es la única senda de verdadera comunión con Dios y el hombre. Por lo tanto, me opongo a todo engaño de Satanás, llevando cautivo todo pensamiento para que se someta a Cristo. Declaro que la Palabra de Dios es la única norma de fe y conducta [Juan 8:32, 36; 14:6; 2 Corintios 10:5; 2 Timoteo 3:15-17; 1 Juan 1:3-7].

8.   Decido presentar mi cuerpo a Dios como sacrificio vivo y santo, y los miembros de mi cuerpo como instrumentos de justicia. Decido renovar mi mente por la Palabra viva de Dios para comprobar que la voluntad de Dios es buena, agradable y perfecta. Me despojo del viejo hombre con sus prácticas malignas y me revisto del nuevo hombre. Me afirmo como nueva criatura en Cristo [Romanos 6:13; 12:1-2; 2 Corintios 5:17; Colosenses 3:9-10].

9.   Por fe, decido ser lleno del Espíritu para ser guiado a toda verdad. Resuelvo andar en el Espíritu y no satisfacer los deseos mundanos [Juan 16:13; Gálatas 5:16; Efesios 5:18].

10.   Renuncio a todo propósito egoísta y escojo el designio supremo del amor. Decido obedecer los dos mandamientos más grandes: amar al Señor mi Dios con todo mi corazón, con toda mi alma, con toda mi mente y con todas mis fuerzas, y amar a mi prójimo como a mí mismo [Mateo 22:37-39; 1 Timoteo 1:5].

11.   Creo que el Señor Jesús tiene toda autoridad en el cielo y en la tierra, y que está sobre todo gobierno y autoridad. Estoy completo en Él. Creo que Satanás y sus demonios están sujetos a mí en Cristo, ya que soy miembro del Cuerpo de Cristo. Por tanto, obedezco el mandato de someterme a Dios y resistir al diablo, y ordeno a Satanás en el nombre de Jesucristo que se vaya de mi presencia [Mateo 28:18; Efesios 1:19-23; Colosenses 2:10; Santiago 4:7].

PASO 3
La AMARGURA frente al PERDÓN

Necesitamos perdonar a otros para que Satanás no se aproveche de nosotros (2 Corintios 2:10,11). Tenemos el mandato de deshacernos de toda amargura en nuestras vidas y perdonar a otros como hemos sido perdonados (Efesios 4:32-33). Pídele a Dios que te recuerde a quiénes debes perdonar, orando en voz alta:

Querido Padre celestial,

te doy gracias por la riqueza de tu bondad, paciencia y tolerancia hacia mí, pues sé que tu bondad me lleva al arrepentimiento. Confieso que no he mostrado la misma bondad y paciencia hacia quienes me han herido u ofendido. Al contrario, he guardado mi ira, amargura y resentimiento hacia ellos. Por favor, trae a mi mente todas las personas a quienes debo perdonar, para hacerlo ahora. En el nombre de Jesús. Amén. [Romanos 2:4]

En un folio aparte, haz una lista de las personas que te vengan a la mente. En este momento no cuestiones si necesitas perdonarlas o no. Si un nombre te viene a la mente, anótalo.

A menudo también guardamos resentimiento hacia nosotros mismos, castigándonos por malas decisiones que hemos tomado en el pasado. Escribe "yo mismo" al final de tu lista si necesitas perdonarte. Perdonarte es aceptar la verdad de que Dios ya te ha perdonado en Cristo. Si Él te perdona, ¡tú puedes perdonarte!

Escribe también al final de tu lista "pensamientos contra Dios". Obviamente, el Señor no ha hecho nada malo, por lo que no necesita nuestro perdón. Sin embargo, a veces guardamos ira hacia Dios porque Él no hizo lo que nosotros deseábamos. Necesitamos soltar la ira y el resentimiento hacia Dios. (Ver en el Apéndice D en la p.73 algunas oraciones para perdonarte a ti mismo y a Dios.)

Antes de empezar el proceso de perdonar a los que están en la lista, revisa lo que el perdón **es** y lo que **no es.**

Perdonar no es olvidar

Quienes desean olvidar todo el daño que han sufrido, encuentran que no es posible. No pospongas perdonar a quienes te han hecho daño, esperando el día cuando el dolor desaparezca. Una vez que decides perdonar a alguien, entonces Cristo puede entrar y sanar tus heridas. La sanidad no comienza hasta que primero perdonas.

Perdonar es un acto de la voluntad.

Si Dios te pide que perdones, es algo que puedes hacer. A veces es muy difícil perdonar a alguien porque por naturaleza deseamos venganza por lo que hemos sufrido. El perdón parece contradecir nuestro sentido de justicia. Entonces nos aferramos a nuestra rabia, intentando castigar a los culpables una y otra vez en nuestra mente por el dolor que nos causaron.

Pero Dios nos prohíbe tomar venganza por nuestra cuenta (Romanos 12:19). Deja que Dios trate con esa persona. Suelta a esa persona, porque mientras rehúses perdonarla, seguirás enganchado a ella. Seguirás encadenado a tu pasado y atado a tu amargura. Al perdonar, renuncias a hacer justicia con esa persona, pero ella aún tiene que enfrentarse a Dios. Debes confiar que Dios lidiará con esa persona de forma justa y limpia, algo que tú no podrías hacer.

¡Pero no sabes cuánto me hirió esa persona!, dirás. Es cierto. No lo sé, pero Jesús sí lo sabe, y Él te pide que los perdones por tu propio bien. Hasta que te despojes de tu amargura y tu odio, la persona continuará hiriéndote. No puedes retroceder en el tiempo y corregir tu pasado, pero puedes liberarte de él. Puedes deshacerte del dolor que te causa, pero hay un so lo modo de hacerlo – perdonando de corazón.

Perdona por tu propio bien, para ser libre del pasado.

Perdonar es aceptar vivir con las consecuencias del pecado de otra persona.

Vas a tener que vivir con las consecuencias de lo que otro te hizo, te guste o no. Ahora, puedes escoger hacerlo en la esclavitud de la amargura o en la libertad del perdón. Nadie perdona de verdad sin aceptar y sufrir el dolor del pecado de otro. Puede parecer injusto y te puedes preguntar, "¿pero dónde está la justicia?". La cruz da sentido moral y legal al perdón. Jesús murió por todos nuestros pecados.

Jesús tomó sobre sí mismo las consecuencias eternas del pecado. "Al que no conoció pecado, por nosotros [Dios] lo hizo pecado, para que nosotros fuésemos hechos justicia de Dios en él" (2 Corintios 5:21). Nosotros, sin embargo, sufrimos las consecuencias temporales de los pecados de otros. Es un aspecto desagradable de la vida real que todos necesitamos enfrentar.

No esperes que la otra persona te pida perdón. Recuerda que, para perdonarlos, Jesús no esperó a que quienes lo crucificaban se disculparan. Incluso mientras se burlaban y lo abucheaban, él oró: "Padre, perdónalos, porque no saben lo que hacen" (Lucas 23:34).

El perdón sale del corazón

Deja que Dios saque a flote los recuerdos dolorosos, y reconoce cómo te sientes hacia quienes te han herido. Si el perdón no remueve el centro emocional de tu vida, será un perdón incompleto. Muy a menudo nos aterra el dolor y sepultamos nuestras emociones en lo más profundo de nuestro ser. Deja que Dios las saque a la superficie, y así pueda empezar a sanar esas heridas emocionales.

Perdonar es decidir no guardar más el pecado de alguien en su contra

Es normal que los individuos amargados saquen a relucir ofensas pasadas ante quienes los han herido. ¡Quieren que se sientan tan mal como ellos! Pero necesitamos soltar el pasado y rechazar cualquier pensamiento de venganza. Esto no quiere decir que continúes aguantando el pecado de otros. Si Dios no tolera el pecado, tú tampoco debes tolerarlo. No permitas que otros abusen de ti continuamente. Pon límites frente al maltrato mientras sigues ejerciendo gracia y perdón hacia quienes te hieren. Si necesitas ayuda para fijar límites bíblicos que te protejan de más abuso, habla con un amigo de confianza, un consejero o un pastor.

El perdón no puede esperar a que sientas deseos de perdonar.

Si esperas hasta sentir ganas de perdonar, nunca lo harás. Toma la difícil decisión de perdonar, aunque no sientas deseos de hacerlo. Una vez que decidas perdonar, Satanás perderá su poder sobre ti en esa área, y Dios sanará tus heridas emocionales. Lo que ganas en ese momento es libertad, no necesariamente un cambio inmediato de emociones.

Ahora estás listo para comenzar. Empieza con la primera persona en tu lista, y decide perdonarla por todo recuerdo doloroso que llegue a tu mente. Continúa con esa persona hasta estar seguro que has tratado con todo el dolor que recuerdas. Luego continúa del mismo modo con las demás personas de la lista.

Cuando empieces a perdonar a alguna persona, es posible que Dios te traiga memorias dolorosas que habías olvidado por completo. Permítele hacerlo aunque te cause dolor. Dios quiere que seas libre; perdonarlos es el único camino. No excuses la conducta del que te ha hecho daño, aunque se trate de alguien muy cercano a ti.

No digas "Señor, ayúdame a perdonar". Él ya te está ayudando y estará contigo durante todo el proceso. Tampoco digas "Señor, quiero perdonar", porque eso elude la difícil decisión que debes tomar. Di: "Señor, decido perdonar…".

Por cada recuerdo doloroso que Dios revele sobre cada persona en tu lista, ora en voz alta:

Señor, decido perdonar a _____ [nombra la perso-

*na] por _____[lo que hizo o no hizo] lo cual me hizo
sentir_____ [cada dolor que el Señor traiga a tu
mente. P.ej. rechazado, sucio, indigno].*

Después de perdonar a cada persona por cada ofensa que has
recordado, y después de haber expresado honestamente cómo te
has sentido, concluye tu perdón hacia esa persona orando:

*Señor, desecho mi resentimiento. Gracias por liberarme de la
esclavitud de mi amargura. Suelto mi derecho a buscar venganza y
te pido que sanes mis heridas emocionales. Ahora te pido que bendi-
gas a _____ (nombra la persona). En el nombre de Jesús.
Amén.*

PASO 4
La REBELIÓN frente a la SUMISIÓN

Vivimos en una era de rebeldía. La mayoría de las personas sólo obedecen las leyes y a las autoridades cuando les conviene. Hay una falta de respeto generalizada para aquellos que están en el gobierno. Los cristianos a menudo somos tan culpables como el resto de la sociedad de fomentar un espíritu crítico y rebelde. Obviamente, no se espera que estemos de acuerdo con las políticas que contradicen los valores bíblicos, pero se nos urge: "Dad a todos el debido respeto: amad a los hermanos, temed a Dios, respetad al rey" (1 Pedro 2:17).

Dios ha establecido toda autoridad pública y requiere nuestra sumisión a ella (Romanos 13:1-7; 1 Pedro 2:13-17). La rebelión contra Dios y las autoridades que Él ha establecido es un pecado muy grave porque le da a Satanás una oportunidad de atacar. Pero Dios pide más que sólo la apariencia externa de sumisión; Él quiere que nos sometamos sinceramente y de corazón a aquellos en autoridad. Es por tu protección espiritual que vives bajo la autoridad de Dios y de aquellos que Él ha puesto sobre ti.

La Biblia deja claro que tenemos dos responsabilidades principales hacia aquellos en autoridad sobre nosotros: orar por ellos y someternos a ellos (Romanos 13:1-7; 1 Timoteo 2:1,2). Para comprometerte a ese estilo de vida que Dios manda, ora en voz alta con todo tu corazón:

Querido Padre celestial,
Tú has dicho que la rebelión es tan grave como la adivinación y la idolatría [1 Samuel 15:23]. Sé que no siempre he sido sumiso, sino que en mi corazón me he rebelado contra ti y contra las autoridades que has puesto sobre mí. Por favor muéstrame todas las maneras en que he sido rebelde. Ahora decido adoptar un

espíritu dócil y un corazón de siervo. En el nombre de Jesús. Amén.

¡Someterse a las autoridades es claramente un acto de fe! Al someterte, estás confiando en que Dios trabajará a través de las líneas de autoridad establecidas por Él, aún cuando sean duras o poco caritativas, o exijan que hagas algo que no quieres hacer. Habrá veces que alguna autoridad abuse de su poder y rompa las leyes que Dios ha establecido para proteger a los inocentes. En esos casos debes buscar ayuda de una autoridad superior para tu protección. La ley puede requerir que denuncies tal abuso a la policía u otra agencia. Si hay abuso continuado (físico, mental, emocional o sexual) donde vives, puede que necesites buscar ayuda adicional para enfrentar esa situación.

Si alguna persona en autoridad abusa de su posición y te pide que rompas una ley de Dios o que falles en tu compromiso a Él, entonces necesitas obedecer a Dios antes que a los hombres (Hechos 4:19,20). Pero ten cuidado. No asumas que alguien quebranta la Palabra de Dios únicamente porque te pide que hagas algo que no te gusta. Todos necesitamos adoptar un espíritu humilde y sumiso los unos con los otros por amor a Cristo (Efesios 5:21). Además, Dios ha establecido líneas de autoridad específicas para protegernos y para dar orden a nuestra vida diaria.

Revisa la lista a continuación en oración, pidiéndole al Señor que te muestre de qué maneras has sido rebelde hacia las autoridades.

❑ Gobierno civil, incluyendo leyes de tráfico, leyes de impuestos, leyes de copyright, actitud hacia funcionarios gubernamentales (Romanos 13:1-7; 1 Timoteo 2:1-4; 1 Pedro 2:13-17)

❑ Padres, padrastros o guardianes legales (Efesios 6:1-3)

❑ Maestros y otros funcionarios escolares (Romanos 13:1-4)

❑ Jefes, pasados y presentes (1 Pedro 2:18-23)

❑ Esposo (1 Pedro 3:1-4) o esposa (Efesios 5:21; 1 Pedro 3:7) [Nota a los esposos: toma un momento para preguntarle al Señor si tu falta de amor hacia tu esposa puede estar fomentando un espíritu rebelde en ella. Si es así, confiésalo como una violación de Efesios 5:22-33]

❑ Líderes de la iglesia (Hebreos 13:7)

❑ Dios (Daniel 9:5,9)

Ahora, usando la oración que sigue, confiesa cada punto específico que el Señor te haya traído a la mente.

Padre, confieso que he sido rebelde hacia_____ [nombre] al_____ [confiesa específicamente lo que hiciste]. Gracias por tu perdón. Decido ser sumiso y obediente a tu Palabra. Te lo pido en el nombre de Jesús. Amén.

PASO 5
La SOBERBIA frente a la HUMILDAD

La soberbia mata. Nos dice "Yo no necesito la ayuda de Dios ni de nadie más. Puedo arreglármelas solo." ¡No es verdad! Tenemos absoluta necesidad de Dios, y definitivamente nos necesitamos los unos a los otros. El apóstol Pablo escribió muy sabiamente "...nos enorgullecemos en Cristo Jesús y no ponemos nuestra confianza en esfuerzos humanos" (Filipenses 3:3). Esa es una buena definición de la humildad: no confiar en nosotros mismos sino fortalecernos con el gran poder del Señor (Efesios 6:10). La humildad es confianza depositada en Dios.

Proverbios 3:5-7 expresa una idea similar: "Confía en el Señor de todo corazón, y no en tu propia inteligencia. Reconócelo en todos tus caminos, y él allanará tus sendas. No seas sabio en tu propia opinión, más bien, teme al Señor y huye del mal". Santiago 4:6-10 y 1 Pedro 5:1-10 también nos advierten de los serios problemas que resultan del orgullo. Con la siguiente oración, expresa tu compromiso de vivir humildemente ante Dios.

Querido Padre celestial,

Tú has dicho que la soberbia viene antes que la destrucción, y un espíritu arrogante antes del tropiezo. Confieso que me he enfocado en mí mismo, no en los demás. No me he negado a mí mismo, no he tomado a diario mi cruz, ni te he seguido. Como resultado, he permitido que el demonio gane terreno en mi vida. He pecado al creer que puedo alcanzar la felicidad y el éxito por mi cuenta. Confieso que he puesto mi voluntad por delante de la tuya, y he centrado mi vida alrededor de mí y no de ti.

Confieso mi soberbia y mi egoísmo, y te pido que anules todo terreno ganado en mi vida por los enemigos del Señor Jesucristo. Decido descansar en el poder y la dirección del Espíritu Santo para no hacer nada por egoísmo o presunción. Con humildad decido consi-

derar a los demás como superiores a mí. Y escojo hacerte a ti, Señor, el centro de mi vida. Muéstrame, ahora, de manera específica, cada manera en que he vivido con orgullo en mi vida. Enséñame a servir a los demás en amor, y a darles preferencia. Te lo pido en el tierno y humilde nombre de Jesús. Amén.

(Proverbios 16:18; Mateo 6:33; 16:24; Romanos 12:10; Filipenses 2:3)

Después de haber hecho este compromiso ante Dios en oración, pídele que te muestre específicamente cómo has vivido en soberbia. La lista a continuación puede ayudarte. A medida que el Señor te traiga a la mente áreas de orgullo, usa la oración a continuación para guiarte en tu confesión.

❏ Tener un deseo más fuerte de hacer mi voluntad en lugar de la de Dios.

❏ Apoyarme demasiado en mi propia inteligencia y experiencia en vez de buscar la dirección de Dios.

❏ Confiar en mis propias fuerzas y recursos en lugar de depender del poder del Espíritu Santo.

❏ Estar más interesado en controlar a otros que en desarrollar el dominio propio.

❏ Estar demasiado ocupado con cosas "importantes" como para tomar el tiempo de servir a otros.

❏ Tener la tendencia a creer que no tengo necesidades.

❏ Costarme reconocer cuando me equivoco.

❏ Estar más preocupado en agradar a los demás que a Dios.

❏ Preocuparme demasiado por obtener el reconocimiento que creo merecer.

❑ Creer que soy más humilde, espiritual, religioso o devoto que los demás

❑ Buscar reconocimiento mediante títulos académicos, posición laboral u otra jerarquía

❑ Sentir a menudo que mis necesidades son más importantes que las de los demás

❑ Considerarme mejor que otros por mis logros o habilidades

❑ Otras maneras en que he tenido un concepto de mí más alto del que debía tener _____

Por cada uno de los puntos que hayan sido una realidad en tu vida, ora en voz alta:

Señor, confieso que he sido orgulloso al _____ (el punto). Gracias por perdonar mi soberbia. Decido humillarme ante ti y ante los demás. Decido poner toda mi confianza en ti y no en mis esfuerzos humanos. En el nombre de Jesús. Amén.

Tratar con el prejuicio y la intolerancia

El orgullo es el pecado original del demonio. Es lo que enfrenta a un grupo contra otro. La estrategia de Satanás siempre es dividir para vencer, pero Dios nos ha entregado el ministerio de la reconciliación (2 Corintios 5:19). Considera por un momento el trabajo de Cristo al derribar las barreras de prejuicio social entre Judíos y Gentiles:

Porque Cristo es nuestra paz: de los dos pueblos ha hecho uno solo, derribando mediante su sacrificio el muro de enemistad que nos separaba, pues anuló la ley con sus mandamientos y requisitos. Esto lo hizo para crear en sí mismo de los dos pueblos una nueva humanidad al hacer la paz, para reconciliar con Dios a ambos en un solo cuerpo mediante la cruz, por la que dio muerte a la enemistad. Él vino y proclamó paz a vosotros que estabais lejos y paz a los que estaban cerca. Pues por medio de él tenemos acceso al Padre por un mismo Espíritu (Efesios 2:14-18).

Muchas veces negamos que haya prejuicios o intolerancia en nuestro corazón. Sin embargo, "Ninguna cosa creada escapa a la vista de Dios. Todo está al descubierto, expuesto a los ojos de aquel a quien hemos de rendir cuentas" (Hebreos 4:13). La oración a continuación invita a Dios a brillar con Su luz en tu corazón y a revelar toda área de prejuicio o intolerancia:

Querido Padre celestial, sé que tú amas de igual manera a toda la gente y que tú no muestras favoritismo. Tú aceptas a gente de toda nación que te ama y hace lo que es justo. Tú no los juzgas de acuerdo a su color de piel, raza, situación económica, etnicidad, sexualidad, preferencia denominacional u otro asunto terrenal. Confieso que muy a menudo yo he juzgado a otros y me he considerado superior. No siempre he sido un ministro de reconciliación sino que he sido un agente de división lleno de orgullo, a través de mis actitudes, palabras y hechos. Me arrepiento de toda intolerancia y prejuicio basados en el odio y el orgullo. Te pido ahora, Señor, que me reveles de qué maneras esta soberbia ha corrompido mi corazón y mi mente. En el nombre de Jesús. Amén.

(Hechos 10:34; 2 Corintios 5:16)

Por cada área de prejuicio, superioridad o intolerancia que el Señor traiga a tu mente, ora en voz alta de todo corazón:

Confieso y renuncio al pecado de prejuicio en contra de_____ _____ (menciona el grupo). Te agradezco por tu perdón, Señor, y te pido que cambies mi corazón y me hagas un agente de reconciliación lleno de amor para _____ (menciona el grupo). En el nombre de Jesús. Amén.

PASO 6
La ESCLAVITUD frente a la LIBERTAD

Muchas veces nos sentimos atrapados en un círculo vicioso de pecar-confesar-pecar-confesar que parece interminable. Nos podemos desanimar mucho y terminar cediendo y entregándonos a los pecados de la carne. Para experimentar nuestra libertad, debemos seguir Santiago 4:7: "Así que someteos a Dios. Resistid al diablo, y él huirá de vosotros". Nos sometemos a Dios mediante la confesión de pecados y el arrepentimiento (dar la espalda al pecado). Resistimos al diablo al rechazar sus mentiras. Nos ponemos toda la armadura de Dios y caminamos en la verdad (Efesios 6:10-20).

El pecado que se ha convertido en hábito a menudo requiere que acudamos a un hermano en Cristo para que nos ayude. Santiago 5:16 dice: "...confesaos unos a otros vuestros pecados, y orad unos por otros, para que seáis sanados. La oración del justo es poderosa y eficaz". A veces es suficiente la convicción de 1 Juan 1:9: "Si confesamos nuestros pecados, Dios, que es fiel y justo, nos los perdonará y nos limpiará de toda maldad".

Recuerda que confesar no es decir: "Lo siento"; es reconocer franca y abiertamente "Lo hice". Si necesitas ayuda de alguien, o simplemente rendir cuentas para caminar en la luz con Dios, haz en voz alta la siguiente oración:

Querido Padre celestial, tú mandas que me vista del Señor Jesucristo y que no provea para los deseos de mi naturaleza pecadora. Confieso que he cedido ante los malos deseos que están en conflicto con mi alma. Te agradezco que en Cristo hayas perdonado mis pecados. Reconozco que he violado tu santa ley y he permitido que el pecado libre una guerra en mi cuerpo. Ahora vengo a ti para confesar y rechazar estos pecados de mi naturaleza pecadora, para así ser limpio y libre de la esclavitud del pecado. Te ruego que me reveles todos los pecados que

he cometido, y las maneras en que he entristecido al Espíritu Santo.
En el santo nombre de Jesús. Amén.

(Proverbios 28:13; Romanos 6:12,13; 13:14; 2 Corintios 4:2; Santiago 4:1; 1 Pedro 2:11; 5:8)

La siguiente lista contiene muchos de los pecados de la naturaleza pecadora. Si quieres un recuento más exhaustivo, medita en los pasajes de Marcos 7:20-23; Gálatas 5:19-21; Efesios 4:25-31. Lee la lista que sigue y los pasajes mencionados anteriormente y pide al Espíritu Santo que traiga a tu mente todos los pecados que debes confesar. Quizá te revele otros que no están listados. Por cada pecado que el Señor te muestre, haz de corazón una oración de confesión usando el ejemplo dado.

(Observación: Más tarde en este capítulo trataremos con pecados sexuales, divorcio, trastornos alimenticios, abuso de sustancias, aborto, tendencias suicidas y perfeccionismo. Tal vez sea necesario que acudas a consejería para encontrar completa restauración y libertad en estas áreas. Pide consejo a tu pastor o a un líder de tu confianza.)

❑ Robo
❑ Riñas/peleas
❑ Celos/envidia
❑ Queja/crítica
❑ Juzgar a otros
❑ Sarcasmo
❑ Chisme/calumnia
❑ Vocabulario soez
❑ Competitividad
❑ Apatía/pereza
❑ Mentira

❑ Odio
❑ Ira
❑ Pensamientos y/o actos lujuriosos
❑ Borrachera
❑ Estafa/engaño
❑ Postergación (procrastinar/ posponer constantemente)
❑ Codicia/materialismo
❑ Otros_____

Señor,

Confieso que he cometido el pecado de _____ **(nombra el pecado). Gracias por tu perdón y tu limpieza. Ahora dejo atrás este**

pecado y me vuelvo a ti, Señor. Fortaléceme con tu Espíritu Santo para obedecerte. En el nombre de Jesús. Amén.

Es nuestra responsabilidad impedir que el pecado tome control de nuestros cuerpos. No debemos usar nuestros cuerpos ni el de otras personas como instrumentos de injusticia (Romanos 6:12,13). La inmoralidad sexual no es solamente un pecado contra Dios, sino también contra tu propio cuerpo, que es el templo del Espíritu Santo (1 Corintios 6:18,19). Para obtener libertad del pecado sexual, comienza con la siguiente oración:

Señor,

Por favor trae a mi mente todo uso sexual de mi cuerpo como instrumento de injusticia, para poder, con la ayuda de Cristo, rechazar esos pecados sexuales y romper sus ataduras. En el nombre de Jesús. Amén.

A medida que el Señor te recuerde cada mal uso sexual de tu cuerpo, sea hecho contra ti (violación, incesto, manoseo) o cometido por ti (pornografía, masturbación, inmoralidad sexual), rechaza de este modo cada experiencia:

Señor Jesús,

Rechazo _____ (nombra la experiencia sexual) con_____ (nombra cualquier otra persona involucrada). Te pido que rompas esa atadura de pecado con_____ (nombre de la persona).

Después que hayas terminado, conságrale tu cuerpo al Señor orando:

Querido Padre celestial,

Rechazo todos estos usos de mi cuerpo como instrumento de injusticia, y confieso toda participación voluntaria. Decido presentar mis ojos, boca, mente, corazón, manos, pies y órganos sexuales a Ti como instrumentos de justicia. Te presento todo mi cuerpo como sacrificio vivo, santo y agradable. Decido reservar el uso sexual de mi cuerpo únicamente para el matrimonio.

Rechazo la mentira del diablo de que mi cuerpo no está limpio, o que está sucio, o que es inaceptable para ti como resultado de mis experiencias sexuales pasadas. Señor, gracias por haberme limpiado y perdonado completamente; gracias porque me amas y me aceptas tal y como soy. Por lo tanto, decido aceptarme a mí mismo y a mi cuerpo como limpio ante Tus ojos. En el nombre de Jesús. Amén. (Hebreos 13:4)

Oraciones especiales para situaciones especiales

Divorcio

Señor,

Confieso todo papel que jugué en mi divorcio (pídele que te muestre específicamente). Gracias por Tu perdón, y decido no condenarme a mí mismo. Renuncio a la mentira que dice que el divorcio afecta a mi identidad en Cristo. Soy un hijo de Dios, y rechazo la mentira de que soy un cristiano de segunda categoría por mi divorcio. Rechazo la mentira de que no valgo nada, de que no merezco ser amado, y de que mi vida está vacía y no tiene sentido. Estoy completo en Cristo, el cual me ama y me acepta tal y como soy. Señor, te confío la sanidad de todo dolor en mi vida, así como he decidido perdonar a aquellos que me han herido. Pongo en Tus manos mi futuro y decido buscar compañerismo humano en la iglesia. Someto a Tu voluntad la posibilidad de casarme nuevamente. Oro en el nombre sanador de Jesús, mi Salvador y amigo más cercano. Amén.

Homosexualidad

Señor Jesús,

Rechazo la mentira de que me has creado a mí o a cualquier otro para ser homosexual, y concuerdo con que tu Palabra prohíbe claramente la conducta homosexual. Decido aceptarme como hijo de Dios y te agradezco que me hayas creado hombre (o mujer). Rechazo todo pensamiento, deseo, impulso y acto homosexual, y rechazo todas las maneras en que Satanás los ha usado para pervertir mis relaciones personales. Declaro que soy libre en Cristo para relacionarme con el sexo opuesto y con mi propio sexo del modo que tú deseas. En el nombre de Jesús. Amén

Aborto

Señor Jesús,

Confieso que no guardé ni protegí la vida que Tú me confiaste, y lo reconozco como pecado. Gracias porque debido a tu perdón me puedo perdonar. Reconozco que la criatura está en tus manos amorosas para toda la eternidad. En el nombre de Jesús. Amén.

Tendencias suicidas

Señor,

Renuncio a todo pensamiento suicida y a cualquier intento de quitarme la vida o hacerme daño a mí mismo. Rechazo la mentira de que no hay esperanza en la vida y de que puedo encontrar paz y libertad quitándome la vida. Satanás es un ladrón que viene a robar, matar y destruir. Decido vivir en Cristo, quien dijo que vino a darme vida y a dármela en abundancia. Gracias por tu perdón que me permite perdonarme. Decido creer la verdad de que siempre hay esperanza en Cristo. En el nombre de Jesús. Amén.

Abuso de sustancias

Señor,

Confieso que he hecho mal uso de ciertas sustancias (alcohol, tabaco, alimentos, medicinas o drogas) con el propósito de obtener placer, para escapar de la realidad o para enfrentar problemas difíciles. Confieso que he maltratado mi cuerpo, y que he programado mi mente de maneras dañinas. También he apagado al Espíritu Santo. Gracias por perdonarme. Renuncio a toda conexión o influencia satánica en mi vida a través del abuso de alimentos o productos químicos. Echo toda mi ansiedad sobre Cristo, quien me ama. Me comprometo a no ceder al abuso de sustancias, sino que decido permitir que el Espíritu Santo me dirija y me dé poder. En el nombre de Jesús. Amén.

Trastornos alimenticios o automutilación

Señor,

Renuncio a la mentira de que mi valor como individuo depende de mi apariencia o desempeño. Renuncio a cortarme, hacerme daño, vomitar, usar laxantes o ayunar como medio de estar en control, alterar mi apariencia o purgarme del mal. Declaro que solamente la sangre del Señor Jesucristo me limpia de pecado. Comprendo que he sido comprado por precio, y que mi cuerpo, que es templo del Espíritu Santo, le pertenece a Dios. Por consiguiente, decido glorificar a Dios con mi cuerpo. Renuncio a la mentira de que soy malo o que alguna parte de mi cuerpo es mala. Gracias porque, en Cristo, me aceptas tal y como soy. En el nombre de Jesús. Amén.

Tendencias a ser compulsivo y perfeccionista

Señor,

Renuncio a la mentira de que mi autoestima depende de mi capacidad para desempeñar una tarea. Declaro la verdad de que mi identidad y mi valor como persona se basan en ser Tu hijo. Renuncio a buscar aprobación de otras personas, y decido creer que tengo plena aceptación y aprobación en Cristo, gracias a que murió y resucitó por mí. Escojo creer la verdad de que he sido salvado, no por buenas obras, sino por Tu misericordia. Decido creer que ya no estoy bajo la maldición de la ley porque Cristo se hizo maldición por mí. Recibo el regalo de vida en Cristo y decido permanecer en Él. Renuncio a buscar la perfección intentando vivir bajo la ley. Por tu gracia, Padre celestial, decido de hoy en adelante caminar por fe en el poder de tu Santo Espíritu según tu verdad. En el nombre de Jesús. Amén.

Después de haber confesado todo pecado del que eres consciente, finaliza este Paso orando:

Querido Padre celestial,

Confieso ahora estos pecados ante ti, rogando que me perdones y me limpies mediante la sangre del Señor Jesucristo. Anulo todo terreno que Satanás haya ganado en mi vida por mi participación intencionada en el pecado. Te lo pido en el nombre maravilloso de mi Señor y Salvador, Jesucristo. Amén.

PASO 7
Las MALDICIONES frente a las BENDICIONES

El siguiente Paso hacia la libertad es renunciar a los pecados de tus antepasados, así como a toda tarea satánica dirigida hacia ti o hacia tu ministerio. En los Diez Mandamientos Dios dijo:

"No te harás ningún ídolo, ni nada que guarde semejanza con lo que hay arriba en el cielo, ni con lo que hay abajo en la tierra, ni con lo que hay en las aguas debajo de la tierra. No te inclines delante de ellos ni los adores. Yo, el Señor tu Dios, soy un Dios celoso. Cuando los padres son malvados y me odian, yo castigo a sus hijos hasta la tercera y cuarta generación. Por el contrario, cuando me aman y cumplen mis mandamientos, les muestro mi amor por mil generaciones (Éxodo 20:4-6)."

Las iniquidades de una generación pueden perjudicar a las generaciones futuras a menos que renuncies a esos pecados ancestrales y afirmes tu herencia espiritual en Cristo. No eres culpable del pecado de tus antepasados, pero por su pecado puede que estés predispuesto a ciertas debilidades y que seas influenciado por el ambiente físico y espiritual en el cual te criaste. Estas condiciones pueden contribuir a que una persona luche con un pecado en especial. Algunos ejemplos incluyen: los Roles impuestos (como hombre debes... o como hija mayor debes...), el legalismo, la dominancia de género, evitar el conflicto, el ocultismo, etc. Pídele al Señor que te muestre qué pecados son característicos de tu familia mediante la siguiente oración:

Querido Padre celestial, revela a mi mente todos los pecados de mis antepasados que se hayan transmitido por las líneas familiares.

Quiero ser libre de esas influencias y caminar en mi nueva identidad como hijo de Dios. En el nombre de Jesús. Amén.

A medida que el Señor te traiga a la mente aquellas áreas de pecado familiar, apúntalas en la lista a continuación:

1.

2.

3.

4.

5.

6.

7.

8.

9.

10.

Declaración

Señor, aquí y ahora renuncio y repudio todos los pecados de mis antepasados. Específicamente renuncio a <<<<los pecados de _____ (señala las áreas de pecado familiar que Dios te reveló).

Habiendo sido rescatado del poder de la oscuridad y llevado al reino del Hijo de Dios, declaro que los pecados e iniquidades de mis antepasados no tienen dominio sobre mí. Ante Cristo me presento ahora, perdonado y limpio.

Habiendo sido crucificado y levantado con Jesucristo, y estando ahora sentado con Él en los lugares celestiales, renuncio a toda maldición dirigida hacia mí y hacia mi ministerio. Declaro que la verdad de Jesús ha roto toda maldición que Satanás haya puesto sobre mí.

Declaro a Satanás y a todas sus fuerzas que Cristo se convirtió en maldición por mí al morir en la Cruz por mis pecados. Rechazo toda manera en la que Satanás pueda reclamar potestad sobre mí. Pertenezco al Señor Jesucristo quien me compró con Su propia sangre. Rechazo todo sacrificio de sangre por el que Satanás pueda reclamar que yo le pertenezco. Me declaro total y eternamente entregado y comprometido con el Señor Jesucristo.

Por la autoridad que tengo en Cristo, ordeno ahora que todo enemigo del Señor Jesús abandone mi presencia.

Me encomiendo a mi Padre celestial para hacer Su voluntad desde hoy en adelante. En el nombre de Jesús. Amén.

(Gálatas 3:13)

ORACIÓN FINAL

Querido Padre celestial, vengo a ti como tu hijo, rescatado de la esclavitud del pecado por la sangre del Señor Jesucristo. Eres el Señor del universo y el Señor de mi vida. Someto mi cuerpo a ti como instrumento de justicia, como sacrificio vivo y santo para tu gloria. Ahora te pido que me llenes a rebosar con tu Santo Espíritu hoy y cada día. Me comprometo a la renovación de mi mente para comprobar que tu voluntad es buena, agradable y perfecta para mí. Oro todo esto bajo la autoridad y en el nombre del Señor Jesucristo resucitado. Amén.

CÓMO BUSCAR EL PERDÓN DE OTROS

Ahora que has alcanzado tu libertad en Cristo, puede que haya algunos pasos adicionales que necesites tomar. En el Paso tres trabajaste la necesidad de perdonar a las personas que te han ofendido – una resolución entre tú y Dios. Puede que también necesites buscar el perdón de aquellos a quienes tú has ofendido. Necesitas saber si debes tomar este paso adicional y cómo hacerlo de manera sabia y de acuerdo a lo que Dios manda. (Apéndice C)

PRESERVA TU LIBERTAD

Incluso después de haber alcanzado la libertad en Cristo al trabajar estos siete Pasos, puedes sufrir un ataque horas, días, o semanas más tarde. Pero no tienes que ceder al mundo, a la carne, o al demonio. A medida que continúas caminando en humilde sumisión a Dios, puedes resistir al diablo y el huirá de ti (Santiago 4:7).

El diablo se siente atraído por el pecado, de la misma manera que las moscas son atraídas por basura descompuesta. Deshazte de la basura y las moscas se irán en busca de lugares que huelan peor. Del mismo modo, camina en la verdad, confesando todo pecado y perdonando a los que te hacen daño, y el diablo no tendrá lugar en tu vida.

Ten en cuenta que una victoria no significa que las batallas han terminado. La libertad hay que preservarla. Después de completar estos Pasos hacia la Libertad, una mujer muy gozosa preguntó "¿Siempre estaré así?". La respuesta es, ella mantendrá su libertad siempre y cuando se mantenga en una relación correcta con Dios. Aún cuando resbale y caiga, ella sabrá cómo reconciliarse con Dios nuevamente.

Una persona víctima de atrocidades compartió esta imagen:

Era como estar obligado a jugar con un cruel desconocido en mi propia casa. Yo perdía continuamente y quería parar, pero el cruel desconocido no me lo permitía. Finalmente llamé a la policía (una autoridad superior), ellos vinieron y sacaron al desconocido de mi casa. El volvió a llamar a la puerta, intentando entrar nuevamente, pero esta vez yo reconocí su voz y no le dejé entrar.

¡Qué manera tan hermosa de ilustrar cómo ganamos y preservamos la libertad en Cristo! Llamamos a Jesús, la máxima autoridad, y Él aleja al enemigo de nosotros.

Cómo preservar tu libertad

Necesitas preservar tu libertad. No podemos enfatizarlo lo suficiente. Has ganado una batalla muy importante en una guerra continua. La libertad seguirá siendo tuya siempre y cuando continúes escogiendo la verdad y te mantengas firme en la fuerza del Señor. Si te das cuenta de mentiras que has creído, recházalas y escoge la verdad. Si surgen nuevas memorias dolorosas, perdona a quienes te han herido. Si el Señor te muestra otras áreas de pecado en tu vida, confiésalas rápidamente. Este libro te puede servir como guía constante para enfrentarte a las cosas que Dios te muestra. A alguna gente le ha sido útil hacer los Pasos Hacia la Libertad en Cristo regularmente, como si fuese una revisión espiritual. Cuando lo hagas, lee las instrucciones cuidadosamente.

Para tu ánimo y crecimiento, te recomendamos que leas alguno de los siguientes libros de Neil Anderson: *Rompiendo las Cadenas*, Victoria sobre la Oscuridad, Restaurado. Si te interesa afirmar los principios de los Pasos en un grupo, puedes utilizar Libertad en Cristo – Un Curso de 13 Semanas para Hacer Discípulos (Manual del Participante y Guía del Líder). Para preservar tu libertad en Cristo también te sugerimos lo siguiente:

1. Involúcrate en una comunidad de fe (iglesia) que transmita amor y cuidado, donde puedas abrirte con sinceridad, y donde se enseñe la verdad de Dios con gracia.
2. Lee diariamente la Biblia y medita en ella. Memoriza versículos claves de Los Pasos Hacia la Libertad en Cristo. Quizá quieras leer las Declaraciones de la Verdad (Paso 2) en voz alta a diario y estudiar los versículos mencionados.
3. Aprende a llevar cautivo todo pensamiento a la obediencia de Cristo. Asume la responsabilidad de tus pensamientos. No dejes que tu mente sea pasiva. Rechaza toda mentira, escoge enfocarte en la verdad, y afírmate en tu identidad como hijo de Dios en Cristo.
4. No retrocedas a tus antiguos patrones de pensamiento,

sentimientos y comportamiento. Esto puede suceder fácilmente si te descuidas espiritual y mentalmente. Si te está costando caminar en la verdad, comparte tus luchas abiertamente con alguien en quien confías, quien orará por ti y te animará a mantenerte firme.

5. Sin embargo, no esperes que otras personas peleen tus batallas por ti. Pueden ayudarte, pero no pueden pensar, orar, leer la Biblia o escoger la verdad por ti.

6. Comprométete a orar diariamente. La oración demuestra que confías en Dios y dependes de Él. Puedes repetir las oraciones que siguen a menudo y con confianza. Deja que las palabras salgan tanto de tu corazón como de tus labios y siéntete libre de modificarlas para hacerlas tuyas.

ORACIÓN Y DECLARACIÓN DIARIA

Querido Padre celestial,

Te alabo y te honro como mi Señor y Salvador. Estás en control de todas las cosas. Te agradezco que siempre estás conmigo y que nunca me dejarás ni me desampararás. Eres el único Dios todopoderoso y sabio. Eres tierno y amoroso en todos tus caminos. Te amo y te agradezco que estoy unido a Cristo y espiritualmente vivo en Él. Me propongo no amar al mundo ni las cosas del mundo, y crucifico la naturaleza humana y todas sus pasiones.

Gracias por la vida que ahora tengo en Cristo. Te pido que me llenes de tu Espíritu Santo para rechazar el pecado y servirte a ti. Declaro mi total dependencia de ti, y me opongo a Satanás y a todas sus mentiras. Decido creer la verdad de la Palabra de Dios por encima de lo que dicten mis sentimientos. Me niego a desanimarme; tú eres el Dios de toda esperanza. Nada es demasiado difícil para ti. Confío que suplirás todas mis necesidades a medida que intente vivir según tu Palabra. Gracias porque puedo estar satisfecho y porque puedo vivir de manera responsable en Cristo que me fortalece.

Ahora me opongo a Satanás y a todos sus espíritus malignos y les ordeno que se aparten de mí. Decido ponerme toda la armadura de Dios para hacer frente a las artimañas del diablo. Entrego mi cuerpo como sacrificio vivo y santo a Dios, y decido renovar mi mente con la Palabra de Dios. Al hacer esto podré comprobar que la voluntad de Dios es buena, agradable y perfecta para mí. En el nombre de mi Señor y Salvador Jesucristo. Amén.

ORACIÓN NOCTURNA

Gracias, Señor, porque me has incorporado a tu familia y me has dado toda bendición espiritual en los lugares celestiales en Cristo Jesús. Gracias por renovarme y darme descanso mediante el sueño. Lo acepto como una bendición que das a tus hijos, y confío en que protegerás mi mente y mi cuerpo mientras duermo.

Así como he meditado en ti y en tu verdad durante el día, pido que esos pensamientos continúen en mi mente mientras duermo. Me encomiendo a ti para recibir tu protección contra todo ataque de Satanás y sus demonios durante el sueño. Protege mi mente de pesadillas. Rechazo todo temor y deposito toda ansiedad sobre ti, Señor. Me entrego a ti como mi roca, mi refugio y mi torre fuerte. Que tu paz esté sobre este lugar de descanso. En el poderoso nombre del Señor Jesucristo. Amén.

ORACIÓN POR EL HOGAR

Después de sacar y destruir todo objeto de falsa adoración, ora en voz alta en cada habitación, si fuese necesario:

Padre celestial,

Reconozco que eres el Señor del cielo y de la tierra. En tu soberano poder y amor me permites disfrutar de todo cuanto me das. Gracias por este lugar donde vivo. Declaro mi casa como un refugio espiritual para mi familia y para mí, y pido tu protección contra todo ataque del enemigo. Como hijo de Dios, resucitado y sentado con Cristo en las regiones celestiales, ordeno a todo espíritu maligno (que reclame derecho sobre este lugar en base a lo que yo u otros hayan hecho aquí) que se vaya y que nunca regrese. Rechazo toda maldición o hechizo ligado a este lugar. Te pido, Padre Celestial, que pongas tus ángeles guardianes sobre este lugar para protegerlo de todo intento del enemigo de entrar y obstaculizar tus propósitos para mí y para mi familia. Gracias, Señor, en el nombre de Jesucristo, por hacer esto. Amén.

ORACIÓN CUANDO SE VIVE EN UN AMBIENTE NO CRISTIANO

Después de sacar y destruir todo objeto de falsa adoración que sea tuyo, ora en voz alta sobre el lugar donde vives:

Gracias, Padre celestial, por tener este lugar para vivir y ser renovado mediante el sueño. Te pido que apartes esta, mi habitación [o mi parte de ella] como un refugio espiritual para mí. Rechazo cualquier dominio otorgado a dioses o espíritus falsos por otros residentes. Rechazo cualquier reclamo de Satanás sobre este lugar en base a lo que otros residentes hayan hecho [o continúen haciendo] aquí. Como hijo de Dios y heredero con Cristo, quien tiene toda potestad en el cielo y en la tierra, ordeno a todo espíritu maligno que abandone este lugar y no regrese. Te pido, Padre celestial, que coloques tus santos ángeles guardianes para protegerme mientras vivo aquí. En el nombre de Jesús. Amén.

Pablo ora en Efesios 1:18-19, NVI: "Pido también que os sean iluminados los ojos del corazón para que sepáis a qué esperanza él os ha llamado, cuál es la riqueza de su gloriosa herencia entre los santos, y cuán incomparable es la grandeza de su poder a favor de los que creemos". Amado, eres hijo de Dios (ver 1 Juan 3:1-3), y "mi Dios suplirá todo lo que te falta conforme a sus riquezas en gloria en Cristo Jesús" (Filipenses 4:9). Las necesidades fundamentales son las necesidades de "ser", tales como la vida eterna o espiritual que Él te ha dado, y la identidad que tienes en Cristo. Además, Jesús ha suplido tus necesidades de aceptación, seguridad e importancia. Aprende de memoria y medita diariamente en las siguientes verdades.

Sigue caminando en la verdad de que tu identidad y valor derivan de quién eres en Cristo. Renueva tu mente con la verdad de que tu aceptación, seguridad e importancia reposan únicamente en Cristo.

Te recomendamos que medites diariamente en las verdades de las siguiente páginas. Intenta leer toda la lista en voz alta, de mañana y de noche, durante las próximas semanas. Reflexiona en lo que estás leyendo y deja que tu corazón se regocije en la verdad.

En Cristo soy importante

Renuncio a la mentira de que soy insignificante, inadecuado, y que no tengo esperanza. En Cristo soy muy importante y especial. Dios dice:

- Soy la sal de la tierra y la luz del mundo. [Mateo 5:13,14]
- Soy una rama de la vid verdadera, unido a Cristo , y un canal que transporta su vida. [Juan 15:1-5]
- Dios me ha elegido y destinado para llevar mucho fruto. [Juan 15:16]
- Soy testigo personal de Cristo, capacitado por el Espíritu Santo. [Hechos 1:8]
- Soy templo de Dios. [1 Corintios 3:16]
- Estoy en paz con Dios; Él me ha encargado trabajar para que otros encuentren paz con Él. Soy ministro de reconciliación. [2 Corintios 5:17-21]
- Soy colaborador con Dios. [2 Corintios 6:1]
- Estoy sentado en lugares celestiales con Cristo Jesús. [Efesios 2:6]
- Soy hechura de Dios, creado para buenas obras. [Efesios 2:10]
- Puedo acercarme a Dios con libertad y confianza [Efesios 3:12]
- Puedo hacer todo por medio de Cristo que me fortalece [Filipenses 4:13]

En Cristo tengo plena seguridad

Renuncio a la mentira de que soy culpable, que estoy desprotegido, solo o abandonado. En Cristo tengo total seguridad. Dios dice que:

- Estoy exento para siempre de cualquier condenación (castigo) [Romanos 8:1,2]
- Todas las cosas cooperan para el bien de los que aman a Dios. [Romanos 8:28]
- Estoy libre de cualquier acusación contra mí. [Romanos 8:31-34]
- Nada puede separarme del amor de Dios. [Romanos 8:35-39]
- Dios me ha afirmado, ungido y sellado. [2 Corintios 1:21-22]
- Dios perfeccionará la buena obra que comenzó en mí. [Filipenses 1:6]
- Soy ciudadano del cielo. [Filipenses 3:20]
- Estoy escondido con Cristo en Dios. [Colosenses 3:3]
- No se me ha dado espíritu de timidez, sino de poder, de amor y de dominio propio. [2 Timoteo 1:7]
- Puedo obtener gracia y misericordia en tiempos de necesidad. [Hebreos 4:16]
- He nacido de Dios y el maligno no me puede tocar. [1 Juan 5:18]

En Cristo soy aceptado

Renuncio a la mentira de ser rechazado, no amado o que estoy sucio. En Cristo, soy completamente aceptado. Dios dice que:

- Soy hijo de Dios. [Juan 1:12]
- Soy amigo de Cristo [Juan 15:15]
- He sido aceptado y hecho santo (justificado) por Dios. [Romanos 5:1]
- Estoy unido al Señor, en un solo espíritu con Él. [1 Corintios 6:17]

- He sido comprado por precio - pertenezco a Dios. [1 Corintios 6:19,20]
- Soy miembro del cuerpo de Cristo, parte de su familia. [1 Corintios 12:27]
- Soy uno de los santos de Jesucristo. [Efesios 1:1]
- He sido adoptado como hijo de Dios. [Efesios 1:5]
- Tengo acceso directo a Dios por el Espíritu Santo. [Efesios 2:18]
- He sido rescatado (redimido) y perdonado de todos mis pecados. [Colosenses 1:14]
- Estoy completo en Cristo. [Colosenses 2:10]

No soy el gran "Yo Soy", pero por la gracia de Dios soy lo que soy.

[Éxodo 3:14; Juan 8:24, 28, 58; 1 Corintios 15:10]

Apéndice A – Resolver la Ansiedad

La ansiedad se diferencia del temor en que carece de un objeto o causa objetivos. La ansiedad llega cuando uno siente inseguridad sobre un algo en especial o porque uno no sabe lo que sucederá mañana. Es normal que nos preocupemos sobre aquellas cosas que valoramos; no hacerlo demostraría una falta de cuidado.

La ansiedad nos sobreviene temporalmente cuando tenemos un examen inminente, al asistir a una ceremonia importante, o bajo la amenaza de una fuerte tormenta. Tales preocupaciones son normales y nos deberían movilizar a acciones responsables. Para algunas personas, la ansiedad es más intensa y prolongada. Luchan con una gran cantidad de preocupaciones y desgastan mucho tiempo y energía en hacerlo. La intensidad y la frecuencia de la preocupación siempre están en desproporción con el problema real.

Si la ansiedad persistente es un problema en tu vida, esta Hoja de Trabajo de la Ansiedad te ayudará a depositar todas tus ansiedades en Cristo porque Él cuida de ti (1 Pedro 5:7).

Ora

La oración es el primer paso para depositar todas tus ansiedades en Cristo. Recuerda el consejo de Pablo, "No os inquietéis por nada; más bien, en toda ocasión, con oración y ruego, presentad vuestras peticiones a Dios y dadle gracias" (Filipenses 4:6). Pídele a Dios que te guíe mediante la siguiente oración:

Querido Padre celestial,

Vengo a ti como tu hijo, comprado por la sangre del Señor Jesucristo. Declaro mi dependencia de ti y reconozco mi necesidad de ti. Sé que apartado de Cristo no puedo hacer nada. Tú conoces mis pensamientos y las intenciones de mi corazón y conoces mi situación de principio a fin. Me siento dividido y necesito que tu Paz guarde mi corazón y mi mente. Me humillo delante de ti y decido confiar en que tú me exaltarás en el momento adecuado de la manera que tú quieras. Pongo mi confianza en ti para llenar todas mis necesidades de acuerdo a tus riquezas en gloria, y para guiarme a toda verdad. Pido tu dirección divina para que yo pueda cumplir la misión de vivir responsablemente por fe en el poder de tu Espíritu Santo. "Escudríñame, oh Dios, y conoce mi corazón; pruébame y conoce mis inquietudes. Y ve si hay en mí camino malo, y guíame en el camino eterno. " (Salmo 139: 23,24 LBLA). En el precioso nombre de Jesús. Amén.

Resuelve todo conflicto personal y espiritual

El propósito de los Pasos Hacia la Libertad en Cristo es ayudarte a hacer las paces con Dios y eliminar cualquier influencia del diablo sobre tu mente. Recuerda, "El Espíritu dice claramente que, en los últimos tiempos, algunos abandonarán la fe para seguir inspiraciones engañosas y doctrinas diabólicas" (1 Timoteo 4:1). Serás una persona de doble ánimo si prestas atención al espíritu de mentira. Necesitas la presencia de Dios para tener "la paz de Dios que sobrepasa todo entendimiento, [que] cuidará vuestros corazones y vuestros pensamientos en Cristo Jesús" (Filipenses 4:7).

Identifica el problema

Un problema bien identificado está a medio camino de ser resuelto. Cuando nos encontramos en un estado de ansiedad, no somos capaces de ver el bosque por culpa de los árboles. Toma perspectiva del problema: ¿tiene importancia eterna? En general, el proceso de angustiarse desgasta a la persona más que las consecuencias negativas de aquello que le angustiaba. Mucha gente ansiosa encuentra gran alivio al simplemente clarificar el problema y ponerlo en perspectiva.

Separa los hechos de las suposiciones

Las personas pueden tener temor de los hechos, pero no estar ansiosos. El temor tiene un objeto o causa concretos, y trabajaremos en ello en el próximo ejercicio. La ansiedad nos viene cuando tenemos incertidumbre de lo que sucederá mañana. Ya que no sabemos, suponemos. Una característica peculiar de nuestra mente es su tendencia a suponer lo peor. Si la suposición se acepta como la verdad, empujará a la mente a los límites de la ansiedad. Si nos creamos suposiciones sobre el futuro, sufriremos las consecuencias negativas de estrés y ansiedad. "La angustia abate el corazón del hombre" (Proverbios 12:25). Por lo tanto, verifica todas las suposiciones de la mejor manera posible.

Determina qué debes o puedes controlar

Únicamente eres responsable de aquello que puedes o debes controlar. No eres responsable de aquello que no está bajo tu control. Tu sentido de valor solamente está ligado a aquello por lo cual eres responsable. Si no estás viviendo de manera responsable, ¡deberías estar ansioso! No intentes echar tu responsabilidad sobre Cristo. Él te la devolverá. Eso sí, entrégale tu ansiedad, porque su integridad está en juego para suplir tus necesidades si estás llevando una vida responsable y justa. !Él suplirá!

Enumera tus responsabilidades

Necesitas comprometerte a ser una persona responsable, a cumplir con tus obligaciones, y a responder a tu vocación en la vida.

Dios es responsable de lo demás

Ahora lo único que te queda por hacer es continuar en oración y enfocarte en la verdad de acuerdo a Filipenses 4:6-8. Cualquier remanente de ansiedad probablemente se deba a que has asumido una responsabilidad que Dios no te ha dado.

Ansiedad – Hoja de Trabajo

Acude a Dios en oración.

Resuelve todo conflicto del que seas consciente, tanto personal como espiritual.

Determina el problema.

Separa los hechos de las suposiciones.

• Hechos relacionados con el problema:

• Suposiciones relacionados con el problema:

¿Qué suposiciones se pueden verificar como hechos?

Determina si tienes el deber o la posibilidad de controlar.

• Lo que puedes controlar como persona responsable:

• Lo que no tienes derecho o posibilidad de controlar:

Enumera todo aquello relacionado con el problema que sea tu responsabilidad.

Si has cumplido con tus responsabilidades, lo demás le corresponde a Dios. Tú sigue caminando con Dios en oración de acuerdo a Filipenses 4:6-8.

Apéndice B – Pasos para vencer el temor

Si has resuelto con éxito tus conflictos personales y espirituales, sometiéndote a Dios y resistiendo al diablo, entonces estás listo para analizar tus temores y trazar un plan de acción responsable.

Analiza tu Temor bajo la Autoridad y Dirección de Dios

Comienza orando en voz alta de la siguiente manera:

Querido Padre celestial, vengo a ti como tu hijo. Me pongo bajo tu protección y cuidado, reconociendo que Tú eres el único objeto legítimo de temor en mi vida. Confieso que he estado temeroso y ansioso por mi falta de confianza y mi incredulidad. No siempre he vivido por fe en Ti y demasiado a menudo he confiado en mis propias fuerzas y recursos. Te agradezco poder obtener perdón en Cristo.

Decido creer la verdad de que Tú no me has dado un espíritu de temor, sino de poder, de amor y de dominio propio (2 Timoteo 1:7). Por lo tanto renuncio a todo espíritu de temor. Te pido que me reveles todos los temores que me han estado controlando. Muéstrame cómo me he vuelto temeroso y qué mentiras he creído. Deseo vivir responsablemente en el poder de tu Espíritu Santo. Muéstrame cómo esos temores me han obstaculizado. Te lo pido para confesar, renunciar, y vencer cada temor por fe en ti. En el nombre de Jesús. Amén.

La lista a continuación puede ayudarte a reconocer algunos temores que te han estado obstaculizando en tu caminar de fe. En un folio aparte, escribe aquellos que se aplican a ti, y cualquier otro que, aunque no esté en la lista, el Espíritu Santo te haya revelado. Al recorrer tu pasado en oración, escribe una breve descripción de lo que pasó y cuándo para provocar ese temor.

- ❑ Temor a Satanás
- ❑ Temor al divorcio
- ❑ Temor a la muerte
- ❑ Temor a no ser amado por Dios
- ❑ Temor a no ser amado nunca
- ❑ Temor a no ser capaz de amar
- ❑ Temor al matrimonio
- ❑ Temor a ser rechazado
- ❑ Temor a no casarse nunca
- ❑ Temor a nunca tener hijos
- ❑ Temor a la desaprobación
- ❑ Temor a ser avergonzado
- ❑ Temor al fracaso
- ❑ Temor a ser o volverse homosexual
- ❑ Temor a problemas económicos
- ❑ Temor a enloquecer
- ❑ Temor a ser un caso perdido
- ❑ Temor a la muerte de un ser querido
- ❑ Temor al futuro
- ❑ Temor al conflicto
- ❑ Temor a ser víctima de un crimen
- ❑ Temor a haber cometido un pecado imperdonable
- ❑ Temor a personas, animales u objetos específicos
- ❑ Otros temores específicos que el Señor te traiga a la mente

_____

_____

_____

La raíz de todo temor irracional es una creencia que no se basa en la verdad. Estas creencias falsas necesitan ser extirpadas y remplazadas por la verdad de la Palabra de Dios. Toma todo el tiempo que necesites en oración para discernir estas mentiras. Renunciar a ellas y escoger la verdad es un paso crítico hacia obtener y mantener tu libertad en Cristo. Necesitas conocer y escoger la verdad para que ella te haga libre. Anota las mentiras que has creído con cada temor, y la verdad correspondiente de la Palabra de Dios.

Cómo has vivido bajo el Control del Temor

El próximo paso es determinar cómo el temor te ha impedido vivir de modo responsable, cómo te ha empujado a ser irresponsable, o cómo ha puesto en peligro tu testimonio cristiano. Después de haber logrado una mejor comprensión de tus temores, es hora de experimentar la limpieza de Dios a través de la confesión y el arrepentimiento (1 Juan 1:9; Proverbios 28:13). La confesión es estar de acuerdo con Dios en que lo que hiciste fue pecado. El arrepentimiento es decidir dejar atrás el pecado y caminar por fe con Dios. Ora de la siguiente manera por cada temor que hayas analizado antes:

Querido Señor, confieso y me arrepiento del temor a _____. He creído _____ (indica la mentira). Renuncio a esa mentira y escojo creer la verdad que _____ (indica la verdad). También confieso toda manera que este temor ha causado que viva irresponsablemente o ha puesto en peligro mi testimonio para Cristo (menciona específicamente).

Ahora decido vivir por fe en ti, Señor, creyendo tu promesa que Tú me protegerás y llenarás todas mis necesidades (Salmo 27:1; Mateo 6:33,34).

En el nombre de Jesús, quien es digno de confianza. Amén

Después de trabajar cada temor que el Señor te ha revelado (incluyendo las mentiras y comportamientos pecaminosos correspondientes), ora de la siguiente manera:

Querido Padre celestial,

Te agradezco que eres verdaderamente digno de confianza. Decido creer en ti, aún cuando mis sentimientos y circunstancias me empujan a temer. Me has dicho que no tema, porque Tú estás conmigo; que no me angustie, porque Tú eres mi Dios. Tú me fortalecerás y me ayudarás; me sostendrás con tu diestra victoriosa. En el poderoso nombre de Jesús. Amén. (Isaías 41:10)

Elabora un Plan de Comportamiento Responsable

El siguiente paso es enfrentarte al temor y, en oración, elaborar un plan para vencerlo. Alguien dijo una vez "Haz aquello que más temes y la muerte del temor está asegurada". El temor es como un espejismo en el desierto. Parece muy real hasta que te aproximas a él. Entonces desaparece. Siempre y cuando retrocedamos frente al temor, nos perseguirá y crecerá, convirtiéndose en un gigante.

Determina cuál será tu Respuesta ante el Temor

El temor de Dios es el que puede disipar todos los otros temores, porque Dios reina con supremacía sobre cualquier otro objeto de temor, incluyendo a Satanás. Aunque "vuestro enemigo el diablo ronda como león rugiente, buscando a quién devorar" (1 Pedro 5:8), él ha sido derrotado. Cristo "desarmó a los poderes y a las potestades, y... los humilló en público al exhibirlos en su desfile triunfal" (Colosenses 2:15).

La presencia de cualquier objeto de temor nos debe incitar a enfocarnos en Dios quien está siempre presente y es todopoderoso. Adorar a Dios es reconocer todos sus atributos divinos. La adoración mantiene presente en nuestras mentes la verdad: que nuestro amoroso Padre celestial está siempre con nosotros y es más poderoso que cualquier enemigo o circunstancia.

Comprométete a cumplir con el Plan de Acción

Recuerda, nunca estás solo en la batalla. Cuentas con el poder del Espíritu Santo. "Es Dios quien produce en vosotros tanto el querer como el hacer para que se cumpla su buena voluntad" (Filipenses 2:13).

Buscador de Temor

Analiza tu temor bajo la autoridad y la dirección de Dios.

Identifica todos los objetos de temor (aquello que temes).

¿Cuándo experimentaste cada uno de esos temores por primera vez?

¿Qué circunstancias rodearon a esa primera experiencia?

¿Qué mentiras yacen detrás de cada temor?

Determina las maneras en las que has vivido bajo el control del temor en lugar de vivir por fe en Dios.

Ese temor:
• ¿Cómo te ha impedido hacer lo que es correcto y responsable?

• ¿Cómo te ha impulsado a hacer lo que es incorrecto e irresponsable?

- ¿Cómo te ha incitado a dañar tu testimonio cristiano?

Confiesa cualquier manera activa o pasiva en la que has permitido que el temor controle tu vida.

Comprométete con Dios a vivir una vida correcta y responsable.

En oración determina un plan de comportamiento responsable.

Determina de antemano cuál será tu respuesta ante todo objeto de temor.

Comprométete a llevar a cabo el plan de acción en el poder del Espíritu Santo.

Observación: Para ayuda adicional con el temor, lee Neil T. Anderson y Rich Miller, Libre del miedo, Editorial Unilit, Miami, Florida, 2000.

Apéndice C – Buscar el perdón de otros

La Motivación para buscar el Perdón

Mateo 5:23-26 es un pasaje clave para la búsqueda del perdón. Merece la pena enfatizar varios aspectos en estos versículos. El adorador que viene ante Dios para presentar su ofrenda recuerda que alguien tiene algo en contra suyo. Es el Espíritu Santo quien trae a su mente el mal que ha causado.

Solamente necesitas confesar a la persona las acciones que le han hecho daño. Si has tenido pensamientos de celos, de lujuria o de ira hacia la persona, y ella los desconoce, debes confesarlos únicamente a Dios.

Una excepción a este principio es cuando se necesita hacer una restitución. Si tú robaste o rompiste algo, dañaste la reputación de alguien, o por el estilo, necesitas acudir a la persona y remediarlo, aún si ella no sabe lo que hiciste.

El Proceso de buscar el Perdón

1. Escribe lo que hiciste mal y por qué lo hiciste.

2. Asegúrate de que ya has perdonado a la persona por lo que ella te haya podido hacer.

3. Piensa exactamente cómo le vas a pedir perdón. Asegúrate de:

    a. decir que lo que hiciste estuvo "mal".

    b. admitir de manera específica lo que hiciste.

    c. no justificarte ni excusarte.

    d. no culpar a la otra persona, y no esperar o exigir que te pida perdón

    e. que tu confesión lleve a la pregunta directa: "¿Me perdonas?"

4. Busca el lugar correcto y el momento propicio para acercarte a la persona ofendida.

5. Pide perdón en persona a cualquiera con quien te puedes reunir cara a cara, con la siguiente excepción: nunca vayas solo si corres peligro.

6. A menos que no tengas otro medio de comunicación, nunca escribas una carta. Una carta fácilmente se presta a malentendidos o se lee incorrectamente. Una carta puede terminar en manos de la gente equivocada (aquellos no relacionados a la ofensa o a la confesión). Una carta puede guardarse cuando debe haberse destruido.

7. Una vez que pides perdón sinceramente, eres libre – sea que la otra persona te perdone o no (Romanos 12:18).

8. Después del perdón, ten comunión con Dios en adoración (Mateo 5:24).

Apéndice D – El perdón hacia nosotros mismos y a Dios

En el Paso 3, se nos anima a reconocer que puede que necesitemos perdonarnos a nosotros mismos y a Dios (aunque Él no ha hecho nada malo).

Puedes usar las oraciones del Paso 3 para ello. Sin embargo, puede que prefieras usar las oraciones a continuación. Perdonarte a ti mismo llega a ser lo mismo que reconocer que ya has sido perdonado por lo que hiciste o dejaste de hacer. Ora de la siguiente manera:

Señor, creo que Tú me has perdonado y limpiado de aquellos pecados que te he confesado. Por tu gran amor y gracia – no porque lo merezco – decido dejar de condenarme porque Tú ya me has perdonado. Recibo tu perdón, en el nombre de Jesús. Amén.

Cuando perdonas a Dios, reconoces que Él no ha hecho nada malo pero tú estás siendo honesto sobre cómo te has sentido:

Señor, te libero de mis expectativas frustradas, del resentimiento que he guardado en tu contra, de la ira y la amargura que he albergado contra ti. Decido creer que me amas y que quieres lo mejor para mí. Oro en el nombre de Jesús. Amén. (Mateo 7:9-11)

Sección para Líderes de las Iglesias

Hacer Discípulos con Toda la Iglesia

Jesús nos mandó: "id y haced discípulos". Pero, aunque hayamos hecho algunos convertidos, estaréis de acuerdo en que hemos hecho pocos discípulos verdaderos. Demasiados cristianos tienen dificultad en agarrarse de las verdades bíblicas básicas y vivirlas.

Incluso los "buenos" cristianos a menudo tardan demasiado tiempo en madurar. Otros están "bloqueados" por los efectos negativos de su pasado. Los hay que simplemente dan vueltas en ciclos de confusión espiritual y pecado habitual.

No es que nos falten programas o recursos excelentes para hacer discípulos. Tiene más que ver con la habilidad de la gente de "conectar" con la verdad. O, como dijo Jesús, "conoceréis la verdad, y la verdad os hará libres" (Juan 8:32).

Libertad en Cristo existe para proveer a los líderes de las iglesias todo lo que necesitan para ayudar a la gente a resolver completamente los efectos negativos del pasado y agarrarse a la verdad. Esto incluye entrenamiento en los principios bíblicos del discipulado y las herramientas para implementar esos principios.

El Curso de Hacer Discípulos de Libertad en Cristo se ha usado en más de 3.000 iglesias para ayudar a más de 300.000 personas. Hay más recursos y entrenamientos disponibles.

Los principales recursos disponibles se presentan de manera abreviada en las siguientes páginas. Para más detalles puedes contactar con Libertad en Cristo o www.libertadencristo.es. Primero, veamos lo que opinan los líderes que los han utilizado:

Libertad en Cristo me ayudó a salir de un período de agotamiento. El trabajo y el ministerio se habían convertido en un ídolo en mi vida de los cuales sacaba mi identidad y valor. Mi identidad en Cristo es ahora mas profunda y ha cambiado mi perspectiva sobre el descanso y el trabajo. El curso para Hacer Discípulos de Libertad en Cristo ha ayudado a cambiar para bien las vidas de muchas personas en mi iglesia.

Pastor - España

Los nuevos creyentes parece que llevan cada vez más un bagaje espiritual de dolores y ataduras. Los materiales tradicionales de discipulado, enfocados en el crecimiento y los dones, no parecen ser suficientes. Con este nuevo material hemos visto que las personas son impulsadas hacia adelante a una velocidad sin precedentes.

Dios está utilizando poderosamente este curso equilibrado, bíblico y bien presentado.

Pastor – Somerset, Inglaterra

Los que hemos recibido la enseñanza y tenido una "Cita de Libertad" fuimos cambiados por la enseñanza de la Palabra de Dios sobre quienes somos en Cristo y lo que eso significa para nosotros y para la iglesia. Hemos experimentado como "la verdad" nos libera literalmente. Recomendamos con entusiasmo Libertad en Cristo a las iglesias que buscan unas enseñanzas del evangelio que hagan discípulos y cambien los corazones de los miembros de la iglesia para que sean libres para mirar hacia fuera y ayuden a construir el Reino de Dios..

Párroco – Guildford, Inglaterra

Me parece ideal poder utilizar el curso de Libertad En Cristo con cada nuevo creyente. Mucha gente vive un cristianismo muy pobre por estar arrastrando heridas o creyendo mentiras. Es de vital importancia tener un discipulado para sanidad interior a la par que un discipulado de crecimiento cristiano, y me parece que Libertad en Cristo es un recurso ideal.

Líder – Madrid, España

Ha sido una alegría ser testigo de las transformaciones de la vida de tantas personas cada semana. En los tres años que llevamos ofreciendo el curso hemos visto más cambios que en muchos años anteriores. Es una continuación excelente al curso Alpha.

Líder– Whitstable, Inglaterra

El Curso para Hacer Discípulos de Libertad en Cristo

¡Capacita a cada cristiano a alcanzar su pleno potencial en Cristo!

Este curso de 13 semanas cubre la enseñanza básica de Libertad en Cristo de modo claro y directo. Es una manera fácil y efectiva para cualquier iglesia que quiere implementar un proceso efectivo de hacer discípulos. A menudo se utiliza como seguimiento a El Corazón del Cristianismo y otros cursos introductorios, y tiene una sesión introductoria opcional que sirve de puente. Muchas iglesias lo ofrecen dos o tres veces al año como parte de sus actividades para formar discípulos.

Creado en el Reino Unido, el curso puede ayudar a todo cristiano a aferrarse a la verdad de quién es en Cristo, a resolver conflictos personales y espirituales, y a convertirse en un discípulo fructífero.

Está diseñado para usarse óptimamente en grupos pequeños, pero se presta también para una serie de enseñanzas dominicales.

¿Por qué funciona tan bien?

Las enseñanzas tradicionales para hacer discípulos fácilmente terminan sonando así: "haz esto cada día", "no hagas esto nunca más", "los cristianos se comportan así..." Entonces los cristianos terminan intentando comportarse de la manera como creen que un cristiano debería hacerlo. Algunos logran hacer y decir lo que deben, pero no logran vivir abundantemente. Otros constantemente requieren ayuda con los mismos problemas. Otros simplemente se alejan.

Lee cualquiera de las cartas de Pablo y tendrás que avanzar hasta la mitad para encontrar instrucciones de cómo comportarse. Primero Pablo enfatiza lo que ya ha sido dado; las "riquezas" que tenemos en Cristo (Efesios 1:18). Porque no es lo que hacemos lo que determina quiénes somos – es quiénes somos lo que determina lo que hacemos.

El curso de Libertad en Cristo se enfoca en eso también: quiénes somos en Cristo, la verdad del amor incondicional de Dios; por qué no hay condenación; por qué no tenemos que languidecer en círculos viciosos de pecado, pensamientos negativos y desesperanza.

Pero una buena enseñanza no es suficiente. Aunque la llave hacia la libertad es conocer la verdad (Juan 8:32), simplemente comunicársela a la gente no significa que la conozcan. El curso incluye un proceso llamado Pasos a la Libertad en Cristo para ayudar a los participantes a arrepentirse de su pecado pasado y resistir al demonio. Para muchos esta "limpieza profunda" es clave para que las enseñanzas encajen en su lugar.

Para más información, puedes ver nuestra página web www.libertadencristo.es.

Lleva los Principios un Paso Más Allá

Los mismos principios bíblicos que se enseñan en el Curso de Hacer Discípulos de Libertad en Cristo, tienen aplicaciones más amplias. Cuando hayas puesto en práctica los principios de Libertad en Cristo en tu iglesia y contexto puede que quieras considerar su uso en otras áreas. A medida que Libertad en Cristo España vaya creciendo, podremos entrenar, asesorar y proveer recursos adicionales. Mientras tanto, contamos con la ayuda de Libertad en Cristo de otros países en Europa para ayudarnos en el desarrollo de Libertad en Cristo en las siguientes áreas:

Cómo Resolver Asuntos más Profundos

Libertad en Cristo tiene dos mensajes principales. El primero es que cada cristiano puede beneficiarse de lo que Cristo le ha dado para poder ser un discípulo fructífero. El segundo es que ningún cristiano es un "caso perdido" con problemas demasiado profundos que por medio de Cristo no se puedan resolver. Existen recursos para la iglesia que ayudarán a las personas que luchan con asuntos más profundos como abuso, trastornos alimenticios, depresión, temor, adicción, auto-mutilación, trauma o trastorno de disociación. Queremos animarte, asegurándote que no existen casos perdidos o personas sin esperanza. Todos pueden llegar a ser discípulos fructíferos. Hemos visto cómo personas normales en iglesias normales hacen cosas extraordinarias a través de Cristo.

Libertad para tu Matrimonio

El aprovechar la libertad individual es una cosa. Las parejas también pueden escoger el tener libertad en su matrimonio pasando por un proceso muy parecido a los Pasos Hacia la Libertad en Cristo. Esta experiencia ayuda tanto a los matrimonios armoniosos como a los que experimentan dificultades. Se organizan retiros de "Libertad para tu Matrimonio" para parejas que están en el ministerio. Participa para el bien de tu propio matrimonio y para aprender cómo ponerlo en práctica con las parejas de tu iglesia.

Libertad para tu Iglesia

Las iglesias pueden atascarse con patrones de división, luchas profundas y pecados recurrentes. La buena enseñanza y reflexión no siempre resuelven los problemas. Es fácil pensar que otras personas son el problema. Pero eso no toma en cuenta la realidad espiritual. No luchamos contra personas sino contra poderes espirituales de maldad. Si ignoramos esta verdad peligramos. Es realmente posible ceder terreno al enemigo en la estructura de nuestras iglesias o simplemente rendirnos a avanzadillas del enemigo que se le han dado en el pasado. El resolver estas avanzadillas no es demasiado difícil y a menudo trae cambios dramáticos.

"Libera a tu Iglesia" es un retiro que se realiza para equipos de liderazgo de iglesias, donde se les capacita a resolver patrones negativos, divisiones, pecados recurrentes, control y asuntos atrincherados.

Libertad para tu Comunidad

El ministerio de Libertad en Cristo ha comenzado a trabajar con líderes de las iglesias de toda una zona. Donde hay verdadera unidad y los líderes se juntan para arrepentirse de los pecados de la Iglesia, esperamos ver grandes avances del Reino y ver a muchos llegar a conocer a Jesús. Podemos ser catalizadores y animar en este proceso a grupos de líderes que tienen un compañerismo regular.

Libertad en Cristo para Jóvenes

El propósito de Libertad en Cristo para jóvenes es ayudarles a ser discípulos fructíferos totalmente entregados a Jesús que marcarán una diferencia radical en este mundo. Queremos que conecten con la verdad de quienes son en Cristo, llegar a ser libres de la presiones que les impiden crecer, y aprender a renovar su forma de pensar.

LIBERTAD EN CRISTO - OFICINA INTERNACIONAL

www.ficminternational.org

+44 (0)118 321 8084

LIBERTAD EN CRISTO MÉXICO

www.ficmm.org - contacto@ficmm.org

+52 55-5489-4565

LIBERTAD EN CRISTO VENEZUELA

www.iglesiasobrelaroca.org - libertadencristovzla@gmail.com

LIBERTAD EN CRISTO ESTADOS UNIDOS

www.ficm.org - info@ficm.org

+1 865-342-4000

LIBERTAD EN CRISTO ESPAÑA

www.libertadencristo.es - info@libertadencristo.es

+ 34 622 225 785

CPSIA information can be obtained
at www.ICGtesting.com
Printed in the USA
LVOW07s0007171017

552593LV00024B/1069/P